CRIAÇÃO E ADAPTAÇÃO DE JOGOS EM T&D

2ª edição

[CRIAÇÃO E ADAPTAÇÃO DE JOGOS EM T&D]

2ª edição

Eu Imagino

Escravos de Jó

O Jogo dos Copinhos

O Jogo dos Copinhos

Jogo Cooperativo

A Fuga dos Quadrados

Charadas de Odin

O Jogo dos Autógrafos

Maratona das Torres

O Jogo dos Espelhos

Trilha de Dominó

Estafeta com Bambolê

Charadas de Odin

Paula Falcão

QUALITYMARK

Copyright © 2003 by Paula Falcão

Todos os direitos desta edição reservados à Qualitymark Editora Ltda.
É proibida a duplicação ou reprodução deste volume, ou parte do mesmo,
sob qualquer meio, sem autorização expressa da Editora.

Direção Editorial	Produção Editorial
SAIDUL RAHMAN MAHOMED editor@qualitymark.com.br	EQUIPE QUALITYMARK

Capa	Editoração Eletrônica
RENATO MARTINS Artes & Artistas	EDEL

1ª Edição	2ª Edição
2003	2008

CIP-Brasil. Catalogação-na-fonte
Sindicato Nacional dos Editores de Livros, RJ

F164c
2. ed.
Falcão, Paula
    Criação e adaptação de jogos em T&D/Paula Falcão – 2.ed.
– Rio de Janeiro: Qualitymark, 2008.
    136p.

    Inclui bibliografia
    ISBN 978-85-7303-780-7

    1. Pessoal – Treinamento. 2. Jogos (administração). I. Título.

08-1297
                                                            CDD: 658.3124
                                                            CDU: 658.310.845

2008
IMPRESSO NO BRASIL

Qualitymark Editora Ltda. Rua Teixeira Júnior, 441 São Cristóvão 20921-405 – Rio de Janeiro – RJ Tel.: (0XX21) 3295-9800 ou 3860-8422	Fax: (0XX21) 3295-9824 www.qualitymark.com.br E-mail: qualitymark.com.br QualityPhone: 0800-263311

Novos Agradecimentos

Conforme a vida vai andando a gente vai aprendendo mais. Portanto, encontrei muito mais mestres que me ajudaram a desenvolver um pouco mais a minha habilidade em criar jogos, seja através de desafios ou de inspirações.

Além de todo mundo que eu já citei, queria agradecer também à Maria Adelaide Cardoso Vale Pires, da Novo Nordisk, primeira cliente para quem eu desenvolvi um jogo exclusivo e que até hoje me comove pela amplitude do cuidado com que foi feito.

Regiane Alves, da Medial Saúde, que me desafiou e me fez criar o Resgate em Moa-Moa, primeiro jogo usando Economia de Experiência.

Márcia Drysdale, Neusa Duarte, Sônia Torres e toda a equipe de RH da Cargill, pela amplitude do trabalho com a criação do jogo do Modelo de Liderança.

Todos os outros clientes, é claro, mas os três acima foram os que me trouxeram maiores insights.

Brian Castelli, consultor da KDP, amigo e parceirão na criação de jogos. Deixar um trabalho com o Brian é dormir tranqüila, sem qualquer aperto no coração. Obrigada pela calma e pelo centramento que fazem contraponto com o meu jeito totalmente doido de ser.

Marcelo Spicciati (com dois "c" e um "t"), meu "primo", companheiro de infância que depois de 20 anos de desencontro tem desenhado fabulosos tabuleiros e ficado totalmente louco com as quinhentas mil vezes em que a gente muda as cartas!

Claro, à equipe da KDP e aos amigos que têm a inglória tarefa de participar dos nossos "beta testes".

E finalmente à Vivi e ao Roberto "Magoo" Montemor, cujas jogatinas sempre me inspiram.

Paula Falcão
Maio 2008

Agradecimentos

Em meu livro anterior, "Focalização de Jogos em T&D", eu e minha parceira Magda Vila cometemos um grave deslize: na correria e ânsia de entregar os originais à editora acabamos esquecendo de agradecer a todos aqueles que contribuíram para o nosso livro.

Portanto, estes agradecimentos são também uma reparação: todos que aqui constarem se sintam agradecidos pelo primeiro livro também, ok?

Em primeiro lugar gostaria de agradecer a todos os meus companheiros de infância, que partilharam comigo as primeiras experiências de criação de jogos, e a meus familiares, por criarem condições para que a minha curiosidade, capacidade investigativa e vontade de aprender se desenvolvessem.

Já na faculdade, agradeço ao meu amigo Paulo Egídio Coelho da Silva, co-autor de meu primeiro jogo "on-line", e ao ITA, por disponibilizar espaço para nossas criações.

Na vida profissional, agradeço a vários amigos queridos: Renata Ramos, que ao me mostrar o caminho para a Fundação Findhorn propiciou o meu primeiro contato com os jogos; Vinicius Chiaverini por me dar a idéia para o Jogo dos Espelhos, o primeiro jogo para treinamento que criei; e aos consultores Inês Cozzo Olivares, Magda Vila, Marli Santander, Fernanda Prando Godoy, Ana Paula Peron, Jean Pasteur e Fernando Seacero, por todas as criações e trocas que vivemos juntos.

Obrigada a meus sobrinhos Felipe Falcão Pereira e Gabriela Próspero Falcão, cujo futuro de infinitas possibilidades me motiva mais ainda a querer sempre contribuir com algo de bom para o mundo.

E, finalmente, a meu editor Saidul Mahomed, por fixar o prazo que me fez finalmente terminar este livro.

Paula Falcão

Sumário

Introdução XIII

1. **Alguns Conceitos sobre Jogo**... 1
   1.1. O que é Jogo.. 1
   1.2. O Jogo Cooperativo e o Processo de Aprendizado... 3
   1.3. A Arquitetura do Jogo.. 5
      1.3.1. Visão 6
      1.3.2. Objetivo 6
      1.3.3. Regras 7
      1.3.4. Contexto 7
      1.3.5. Participação 7
      1.3.6. Comunicação 8
      1.3.7. Estratégias 8
      1.3.8. Resultados 8
      1.3.9. Celebração 8
      1.3.10. Ludicidade 8
      1.3.11. Desafio 9
   1.4. A Importância da Consolidação 9
2. **Como os Jogos Afetam as Pessoas** 13
   2.1. O Jogo e a Aprendizagem Significativa 13
      2.1.1. Para Ocorrer a Aprendizagem Significativa 16

2.1.2. A Aprendizagem Significativa e o CAV........... 17
2.2. O Jogo e a Economia de Experiência.......................... 18
    2.2.1. A Progressão do Valor Econômico.................... 18
    2.2.2. A Economia da Experiência............................... 19
    2.2.3. Os Quatro Reinos de uma Experiência............. 22
    2.2.4. Economia de Experiência e os Quatro Pilares da Educação no Futuro....................... 25
    2.2.5. Rumo a uma Economia de Transformações.... 27

3. **Adaptação de Jogos** 29
   3.1. Tipos de Jogos Segundo sua Forma de Focalizar....... 29
      3.1.1. Jogos Ativadores e de Integração...................... 29
      3.1.2. Jogos de Toque e Confiança.............................. 31
      3.1.3. Jogos de Criatividade e Reflexão....................... 32
      3.1.4. Jogos de Gestão.. 33
      3.1.5. Jogos de Fechamento... 34
   3.2. Segundo a Filosofia da Cooperação............................ 36
      3.2.1. Jogos sem Perdedores.. 36
      3.2.2. Jogos de Resultado Coletivo............................. 37
      3.2.3. Jogos de Inversão... 38
      3.2.4. Jogos Semicooperativos..................................... 38
   3.3. Segundo a Teoria dos Jogos... 39
      3.3.1. Informação Completa.. 40
      3.3.2. Informação Incompleta..................................... 40
      3.3.3. Informação Simultânea..................................... 41
      3.3.4. Informação Seqüencial...................................... 44
   3.4. Outras Adaptações 49
      3.4.1. Mudar a Tarefa e Manter as Regras.................. 49
      3.4.2. Introduzir ou Alterar Algumas Regras............ 51
      3.4.3. Reunir Dois ou Mais Jogos em um Só 52
      3.4.4. Incluir Tarefas Novas... 53
      3.4.5. Alterar Módulos Específicos de um Jogo......... 56

4. Criação de Jogos 59
   4.1. O Processo de Criação 60
   4.2. O Nascimento de um Jogo 63
        4.2.1. Alinhamento 64
        4.2.2. Exploração 64
        4.2.3. Concepção 66
        4.2.4. Avaliação 66
        4.2.5. Produção 67

5. Ferramentas de Geração de Idéias 69
   5.1. Meditação 70
        5.1.1. A Explicação Científica 70
        5.1.2. O Processo da Meditação 71
        5.1.3. Um Roteiro para Meditar 74
   5.2. Mitologia 78
   5.3. Observação 80
   5.4. Outras Ferramentas 84
        5.4.1. Benchmarking 84
        5.4.2. Lojas de Brinquedos e Artigos Relacionados .. 85
        5.4.3. "Sonhar" 85
   5.5. Brainstorm 86

6. Ferramentas de Sistematização de Idéias 87
   6.1. Mind Map 87
        6.1.1. Radiância 88
        6.1.2. Associação 88
        6.1.3. Multissensorialidade 88
   6.2. Story Boarding 90
   6.3. Manuseio de Material 93
   6.4. Descrição 94
   6.5. O Ciclo IDEA 94

7. **A Gestão do Processo de Criação de um Jogo** 99
    7.1. Alinhamento 99
    7.2. Exploração 102
        7.2.1. Entendimento da Organização 102
        7.2.2. Entendimento dos Aspectos Técnicos 103
    7.3. Concepção 104
        7.3.1. Criação Conceitual do Jogo 104
        7.3.2. Criação do Rough de Design 105
        7.3.3. Teste Interno 106
        7.3.4. Produção do Rough do Jogo 107
        7.3.5. Validação 107
        7.3.6. Ajustes 108
        7.3.7. Design do Jogo 108
        7.3.8. Conferência 108
    7.4. Avaliação 109
        7.4.1. Produção do Primeiro Jogo 109
        7.4.2. Beta Teste 109
        7.4.3. Validação 110
        7.4.4. Ajustes 111
    7.5. Produção 111

8. **Conclusão** 113
    Bibliografia 115
    Contatos Úteis 117
    Índice de Jogos 117

Introdução

Criar e adaptar jogos não é novidade para ninguém. Todos fazemos isto intuitivamente e com muito prazer em nossa infância ou quando brincamos com crianças.

Brincar, jogar e observar crianças sempre fizeram parte de minhas atividades favoritas. Quando comecei a trabalhar com treinamento isto foi de grande valia, pois nunca tive muita paciência para usar sempre os mesmos jogos. Mesmo que os treinandos não conheçam, depois de muitas utilizações eu enjôo do jogo e, pelo menos por algum tempo, preciso substituí-lo por outro. Por isso, comecei a criar jogos curtos.

Ao mesmo tempo que tudo isso acontecia, eu queria muito criar um jogo baseado nos 12 Trabalhos de Hércules. Em 1998 finalmente criei um jogo e o apliquei para um grupo, mas não fiquei satisfeita com o resultado. Apesar de os participantes terem tido muitos insights, eu sentia que faltava alguma coisa. Em 2001 me uni a Magda Vila e Marli Santander, e após um processo belíssimo de criação coletiva surgiu Hércules – O Jogo das Competências®, exatamente como eu achava que deveria ser!

Enquanto eu finalizava Hércules, comecei a ter idéias para um jogo "on-line", para ser jogado nas intranets das empresas. O jogo levaria os treinandos a um universo viking onde poderiam perceber seu comportamento, testando e desenvolvendo novas atitudes mais cooperativas, flexíveis e inteligentes. Não consegui um parceiro para desenvolver a parte técnica e acabei adaptando minha idéia para um RPG de tabuleiro. Com isso sistematizei o uso de RPG em treinamento e acabei criando Aasgard – O Jogo Viking de Desenvolvimento de Potencial®, uma nova metodologia para treinamento, dentro da qual vários temas podem ser abordados.

É um pouco desta experiência a criação de incontáveis jogos pequenos, de até duas horas, e de vários jogos grandes, de 8 ou mais horas de duração – que pretendo passar neste livro, junto com as dicas e alguns dos jogos que fui acumulando no caminho.

A idéia é que você, após ler este livro, se sinta mais seguro para se aventurar na criação ou modificação de jogos. Afinal, nada mais chato do que treinandos comentando que já fizeram este jogo, e que a solução é esta ou aquela!

Capítulo 1

Alguns Conceitos sobre Jogo

1.1. O que é Jogo

Quando penso em jogo, mesmo no ambiente de educação, treinamento e desenvolvimento de talentos, uso sempre a definição de John von Neumann, criador da Teoria dos Jogos:

"Jogo é toda e qualquer interação entre dois ou mais sujeitos dentro de um conjunto definido de regras".

Esta definição amplia muito a visão de jogo: os sujeitos podem ser tanto pessoas quanto coisas, e qualquer tipo de interação vale. Com isso, jogo tanto pode ser uma criança batendo uma bola na parede, várias pessoas jogando futebol ou um almoço de família no domingo, onde cada indivíduo sabe o papel que lhe cabe e o que precisa fazer para manter a dinâmica familiar.

Por esta definição, a sua maneira de dirigir é um jogo, seu relacionamento com os colegas de trabalho um outro jogo e sua maneira de obter excelência no trabalho outro jogo ainda.

> **? Pergunta**
>
> - Paquera é jogo?
> - Relacionamento interpessoal pode ser um jogo?
> - Trabalhar demais é jogo?

Dentro deste conceito, a vida é um grande jogo, dentro do qual executamos seqüências de jogos menores.

James P. Carse, um dos grandes filósofos do jogo, diz que existem dois tipos de jogos: um é o jogo finito, o outro o jogo infinito.

No jogo finito, os jogadores jogam para conseguir chegar ao fim do jogo, custe o que custar.

No jogo infinito, os jogadores jogam para superar os próprios limites e para continuar jogando.

No jogo finito, como a grande meta é terminar o jogo, o que existe é **adestramento**. O jogador pode ficar extremamente hábil nas regras daquele jogo em particular, mas não passa disto.

Já no jogo infinito os jogadores precisam perceber o que fazer para se superar durante todo o tempo. Isto traz **aprendizado real** ao jogador.

Neste ponto você deve estar se perguntando, caro leitor, como utilizar jogos infinitos para treinamento, já que o seu tempo com os treinandos é limitado...

A questão aqui não é utilizar jogos infinitos no treinamento. É perceber que o jogo não termina quando você diz que acabou. O jogo pode e deve continuar na cabeça de quem jogou, para que o aprendizado seja realmente efetivo...

> **? Pergunta**
>
> - Você já viu a saída das torcidas em um jogo de futebol? Você acha que o jogo terminou quando o juiz apitou o fim de jogo?
> - Você já viu amigos que jogam baralho no fim de semana? E quando quem perdeu na semana passada chega para a famosa "revanche"? Será que o jogo terminou de uma semana para outra?

Na minha experiência, se o jogo for bom, os treinandos continuam jogando mental e emocionalmente mesmo após o fim do mesmo.

O importante é que consigam fazer um link entre este jogo remanescente e a sua vida real, para que possam realmente mudar de comportamento no dia-a-dia. Se eles continuarem jogando, vão estar o tempo todo lembrando do aprendizado e a possibilidade de o colocarem em prática é muito maior.

1.2. O Jogo Cooperativo e o Processo de Aprendizado

O jogo atua de várias maneiras no crescimento do ser humano, desenvolvendo entre outras coisas sua autopercepção, seu raciocínio e relacionamento interpessoal. Ao jogar, praticamos simultaneamente movimento, sentimento, pensamento e espiritualidade.

O lúdico permite que simbolizemos nossas mais profundas emoções e possamos revelar aspectos importantes de nossa personalidade que, em outras situações, dificilmente são mostrados publicamente. Ao jogar, as pessoas partem do princípio de que tudo é possível, exercitando comportamentos e posturas que depois podem ser levados para o dia-a-dia, para a vida.

Ao contrário da maioria dos jogos mais conhecidos, os Jogos Cooperativos propõem a participação de todos, sem que ninguém fique excluído. Propõem que o objetivo e a diversão sejam coletivos, não individuais. Libertam os indivíduos da pressão da competição, do medo de ser eliminado e da agressão física. Possibilitam o desenvolvimento da criatividade, da empatia, da cooperação, da auto-estima e de relacionamentos interpessoais saudáveis e realizadores.

Um jogo é considerado cooperativo quando:

- ✓ Todos jogam (não há exclusão);
- ✓ Todos ganham (não há perdedores);
- ✓ Joga-se com (e não contra) os demais;
- ✓ Todos têm um mesmo objetivo;
- ✓ As pessoas ganham/treinam habilidades;
- ✓ Todos se divertem;
- ✓ Há forte senso de unidade e interação.

Quando um jogador joga, pode estar desenvolvendo dois tipos de movimentos: um é associativo, onde a tendência é de se unir aos outros, ligar fatos e estar aberto ao aprendizado. O outro é dissociativo, onde a tendência é ir contra os outros, procurar se defender e atacar o máximo possível e portanto se fechar para o aprendizado (Tabela 1).

Além, é claro, de questionamentos sobre a ética e os valores utilizados, o jogo cooperativo propicia o movimento associativo, facilitando portanto o aprendizado. Além disto, seja qual for seu objetivo, o jogo cooperativo sempre vai trazer alguns "efeitos colaterais":

- ✓ O jogador aprende a jogar **com** os colegas e não **contra** os mesmos;

Tabela 1: Movimentos possíveis durante o jogo

Movimento do Jogador	
Associativo	Dissociativo
Abertura para o novo	Autodefesa, manutenção do comportamento
Flexibilidade comportamental	Resistência contra o novo
Assimilação de novos conceitos e valores	Conflito entre comportamento real e ideal
Ênfase na ação coletiva	Ênfase na ação individual
Favorece a honestidade	Favorece a trapaça ou esperteza
Exercita proatividade	Exercita reatividade
Cooperativo	Competitivo

- ✓ Os objetivos são atingidos com a contribuição de todos, treinando e valorizando o trabalho em equipe;
- ✓ O jogador aprende a valorizar metas coletivas e não individuais;
- ✓ O entusiasmo e a motivação gerados por compartilhar sucessos;
- ✓ Melhora o clima organizacional.

1.3. A Arquitetura do Jogo

O que é necessário para que o jogador "mergulhe" no jogo e queira realmente jogar de maneira cooperativa e infinita?

Em sua dissertação de mestrado "O Jogo e o Esporte como um Exercício de Com-vivência", Fábio Brotto define uma arquitetura do jogo, os fatores básicos que precisam estar presentes no jogo para garantir o envolvimento e a expressão autêntica dos jogadores.

Aqui estamos tratando com o jogo como um instrumento de educação; portanto é imprescindível que os participantes se envolvam a ponto de perderem as censuras e se mostrarem como realmente são, com todo o seu potencial, talento e criatividade.

Segundo Brotto, a arquitetura do jogo é composta de:

1.3.1. Visão

Metaconcepções e Valores Essenciais que orientam e dão sentido – significado a todo o processo do jogo.

Por exemplo, em Aasgard, o Jogo Viking de Desenvolvimento de Potencial®, a visão do jogo é a de cooperação e união para realizar seus objetivos, independentemente do módulo (relacionamento interpessoal, liderança, etc...) que os jogadores estão jogando. Isto significa que este é o pilar mestre do jogo. Não é dito aos jogadores que Aasgard® é um jogo cooperativo, eles precisam perceber isto.

Quando percebem e se alinham com a visão do jogo, conseguem o objetivo. Até hoje treinamos cerca de 3.000 pessoas com o Aasgard®, e os grupos que perceberam a importância da cooperação e do trabalho em equipe sempre atingem os objetivos...

1.3.2. Objetivo

O objetivo de um jogo é o que os participantes precisam fazer para ganhá-lo. Por exemplo, no Aasgard, a Visão é desenvolver competências através de um processo de cooperação e trabalho em equipe. O Objetivo é construir um navio, atravessar o mar e levar suas mercadorias aos clientes.

O Objetivo de um jogo muitas vezes é chamado de "consígnia", dado pelo focalizador e deve ser o mais claro e objetivo possível.

1.3.3. Regras

Uma coisa bastante importante sobre as regras é que, se estamos tendo sucesso em desenvolver indivíduos conscientes e proativos, pode acontecer de o grupo querer mudar as regras do jogo.

Esteja preparado para isto. A minha postura pessoal, quando isto acontece, depende do momento do grupo. Se estamos apenas aquecendo e nos conhecendo não tem o menor problema.

Se já estamos em um jogo que vai trabalhar o foco daquele treinamento, permito ou não a mudança de regras dependendo de esta mudança favorecer ou não a este foco.

1.3.4. Contexto

Brotto escreve que o jogo acontece no aqui-e-agora, como uma síntese do passado-presente-futuro. Mas o aqui-e-agora é uma determinação do jogo. Por exemplo, em Aasgard®, o aqui-e-agora é aldeia de Hedeby, na Dinamarca, século IX.

Saiba mais sobre a importância do contexto em "Economia de Experiência", no Capítulo 2.

1.3.5. Participação

Interação plena e interdependente de todas as dimensões do ser humano: física – emocional – mental – espiritual, tanto ao nível pessoal, interpessoal e grupal.

É importante que o focalizador esteja consciente de todas estas dimensões de participação dos jogadores. Em nosso livro "Focalização de Jogos em T&D", eu e Magda Vila damos várias dicas sobre isto.

1.3.6. Comunicação

Não significa que eles tenham que **falar**. Muitos jogos restringem os meios de comunicação colocando as pessoas amordaçadas, etc... O importante é que elas consigam se comunicar de alguma forma; se não como o jogo pode ser cooperativo?

1.3.7. Estratégias

A estratégia sempre tem que vir do grupo, nunca do focalizador.

1.3.8. Resultados

O grupo precisa saber quanto e como conseguiu atingir os objetivos. Se não conseguiu nada, precisa saber o que mudar para conseguir da próxima vez.

1.3.9. Celebração

Mesmo que o objetivo não tenha sido alcançado, celebrar ter estado ali, convivido com o grupo, se divertido e aprendido coisas importantes. Celebrar poder ter o jogo como um espaço para teste, sem maiores prejuízos. Celebrar o que vai mudar na minha vida de hoje em diante.

Se o objetivo tiver sido alcançado, celebrar tudo o que está acima e mais o sucesso. O que eu posso fazer para continuar mantendo este sucesso na minha vida?

1.3.10. Ludicidade

Sustentar o espírito de alegria, bom humor, entusiasmo, descontração e diversão. Ser consciente do prazer de jogar. Manter sempre o movimento associativo.

Além de tudo isto, tenho notado que muitas pessoas questionam o jogo cooperativo por não entenderem como isto pode apresentar desafio. Johan Huizinga, em seu livro "Homo Ludens", diz que a fascinação do jogo está em dois elementos: tensão e incerteza. Estes também estão diretamente relacionados ao desafio, portanto resolvi incluir mais um item na definição do Fábio:

1.3.11. Desafio

Não é porque o jogo é cooperativo que não apresenta desafio. Depois de muita reflexão e algumas conversas com a Fernanda Prando Godoy, chegamos a algumas conclusões: normalmente, se pensa em uma dualidade: jogo **cooperativo** × jogo **competitivo**. O grande problema aqui é que se associa o termo **competitivo** a **desafiador**, e a **resultados.**

O que a Fernanda propôs, e com o que eu concordo 100%, seria uma mudança de nomenclatura. Vamos substituir a expressão "jogo competitivo" por "jogo competidor", aquele em que o foco do jogador está em superar ao outro. Já no jogo cooperativo, o jogador joga para superar a si mesmo, não aos outros.

Só que ambos os jogos, para serem atrativos, precisam ser competitivos: têm que dar o frio na barriga, aquele medo de não conseguir ganhar do outro (no caso do jogo competidor) ou de não conseguir se superar (no caso do jogo cooperativo)

Definir um grau de desafio suficiente para envolver os jogadores, sem ser tão difícil que desmotive, é uma arte. Mas na minha experiência, o grupo sempre surpreende e tem a capacidade de conseguir mais do que o focalizador achava ser possível.

1.4. A Importância da Consolidação

O jogo em si não serve para nada se o treinando não conseguir correlacionar o que aconteceu no jogo com o que acontece em sua vida diária e a partir disto ter condições de elaborar novas atitudes e estratégias para o seu dia-a-dia.

Portanto, principalmente quando utilizamos jogos de reflexão e gestão, é primordial consolidar as atividades efetuadas.

A maneira de consolidar que eu uso é o Ciclo de Aprendizagem Vivencial (CAV), que consiste em jogar, compartilhar os sentimentos e processos que ocorreram no jogo, estabelecer ligações entre isto e a vida diária e a partir daí elaborar um plano de ação.

☼ Dica

Em vez de abordar diretamente o assunto que você já percebeu que é a chave para este grupo, utilize **maiêutica**.

Maiêutica é uma metodologia inventada por Sócrates, que consiste em fazer com que a própria pessoa responda às perguntas que fizer. Alguns exemplos de maiêutica:

Treinando: – O que eu posso fazer para resolver este desafio?

Focalizador: – O que você acha que pode fazer?

Treinando: – O que eu estou treinando com este jogo?

Focalizador: – O que você acha que está treinando?

Treinando: – Estou me sentindo xxxx...

Focalizador: – O que você pode fazer sobre isto? / Como é isto na sua vida diária?

É importante reservar bastante tempo para a consolidação. Os treinandos precisam de calma para poder perceber estas ligações ou o jogo não trará resultados práticos.

É claro que, se após cada ativador você parar para consolidar, seus treinandos irão morrer de tédio!!! Mas você pode ir dando pequenos toques, do tipo "Percebam como vocês agiram aqui... Será que tem alguma relação com o seu dia-a-dia?" e no maior jogo aplicar um CAV completo.

Lembre-se também de que muitas pessoas têm necessidade de saber por que estão executando esta ou aquela atividade; portanto não deixe os seus treinandos "no escuro"...

> ### Aconteceu comigo...
>
> Em Aasgard – O Jogo Viking de Desenvolvimento de Potencial®, cerca de 30% dos grupos não conseguem atingir a meta ao final do jogo.
>
> Eu sempre ressalto que o jogo é um espaço para testes e que portanto o processo é tão ou mais importante quanto o resultado, mas os grupos que não atingem as metas sempre saem com alguma frustração.
>
> Das primeiras vezes, ao final do jogo eu consolidava com os grupos que não terminaram exatamente da mesma maneira do que com os que tiveram sucesso: vamos sentar, relatar sentimentos, conversar sobre o processo, generalizar para o dia-a-dia e estabelecer um plano de ação. Lembrando que, durante o jogo (as 6 horas anteriores), o grupo já havia estabelecido várias ligações do jogo com seu dia-a-dia.
>
> Isto não funcionava bem para os 30% que não conseguiram terminar, pois as pessoas estavam frustradas e entravam em movimento dissociativo, sem conseguir analisar seus comportamentos objetivamente e muitas vezes adotando uma atitude de "caça às bruxas".
>
> Até que um dia tive um insight: após 6 horas jogando e generalizando, as pessoas já sabiam o que estava acontecendo e em que precisavam melhorar! Também era sabido que estavam frustradas, afinal não conseguiram terminar o jogo!
>
> Aasgard® é um jogo viking e o seu objetivo é sempre construir um navio, atravessar o mar e chegar ao continente da conquista, onde está o cliente.
>
> Portanto, criei o seguinte método de consolidação:

1. Desenho no flip chart o casco de um navio, colocando o nome da empresa onde estou aplicando o jogo.
2. Peço que cada um desenhe onde acha que está neste navio, explicando seu desenho ao grupo.
3. Peço ao grupo para elaborar um plano de ação para que o navio navegue bem e chegue ao seu destino em segurança.

Com isso tirei o foco do aparente "fracasso" do grupo e coloquei em ações orientadas a resultados, além de fazer com que cada treinando tenha que se posicionar perante a si mesmo, seus colegas e organização.

Tem dado excelentes resultados...

Capítulo 2

Como os Jogos Afetam as Pessoas

Quanto mais compreendemos como o jogo "mexe" com as pessoas, mais eficazes podem ser os jogos que criamos. Portanto, desde a primeira edição deste livro achei que ficou faltando explorar um pouco mais como as pessoas aprendem através do jogo.

Além disto, depois da primeira edição entrei em contato com a teoria da Economia de Experiência, uma maneira de garantir que as pessoas passem experiências fortes e transformadoras.

Portanto, aí vai:

2.1. O Jogo e a Aprendizagem Significativa

...."o fator isolado mais importante influenciando a aprendizagem é aquilo que o aluno já sabe; determine isto e ensine-o de acordo."
David Paul Ausubel

Você se lembra de todos os elementos químicos que constam na primeira coluna da tabela periódica? Você lembra o que significava a organização destes em linhas e colunas? Certamente todos aprendemos isto na escola...

14 CRIAÇÃO E ADAPTAÇÃO DE JOGOS EM T&D

Você pode lembrar ou não. Ao escrever este livro, chuto que a maioria das pessoas que estiver lendo não vai lembrar. Mas as que lembrarem, lembrarão porque, em algum momento da sua vida, este conhecimento teve **significado**.

Segundo Paul Ausubel, só aprendemos quando aquilo que está sendo ensinado possui algum significado para nós. E mesmo assim, para que o aprendizado ocorra precisamos construir uma "ponte cognitiva", conforme a figura a seguir:

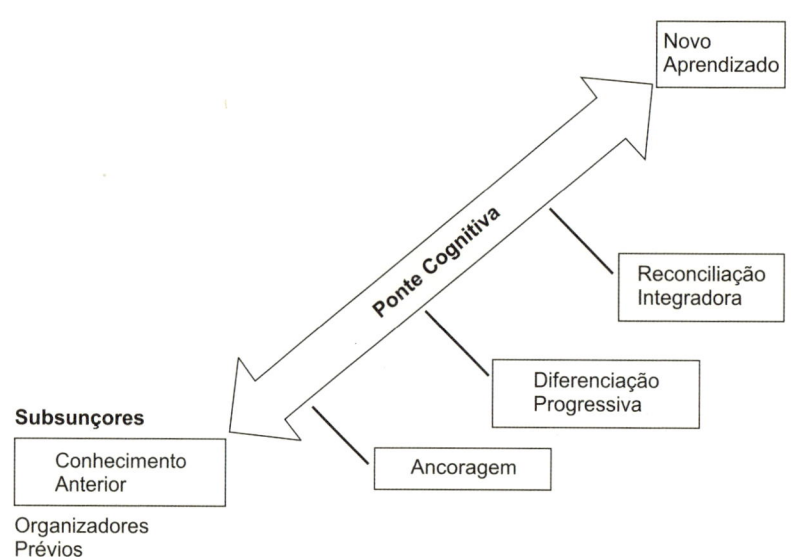

Figura 1: Aprendizagem Significativa

A aprendizagem significativa ocorre quando a nova informação adquirida se "ancora" em coisas que o treinando já sabia. Ela encara o aprender como um processo de armazenamento de informação, condensação em classes mais genéricas de conhecimento, que são incorporados a uma estrutura do cérebro do indivíduo de modo que essa possa ser manipulada e utilizada no futuro.

Para tanto é necessário que o material utilizado no aprendizado seja potencialmente significativo, isto é, os conceitos apresentados não devem ser ao acaso e, além disso, o treinando deve estar disposto a estabelecer relações com sua estrutura cognitiva. No nosso caso, isto torna importantíssima uma arquitetura coerente do jogo, ou seja, visão, objetivos, contexto e desafios devem significar alguma coisa para o treinando. Daí a importância de se trabalhar com jogos diferentes de acordo com o perfil dos treinandos.

Neste processo, a nova informação interage com uma estrutura de conhecimento específica, que Ausubel chama de "conceito subsunçor", ou simplesmente "subsunçor". Esta palavra é uma tentativa (péssima, reconheço) de se traduzir o termo inglês "subsumer".

Um subsunçor é um conhecimento básico do qual necessitamos para aprender algo mais. Faz com que a pessoa "ancore" o conhecimento em seu cérebro, construindo um caminho neuronal que o liga a outro assunto. Exatamente como quando alguém abre uma emissora de TV, procura definir quem será seu "âncora" para apresentar o jornal à noite ou quando se abre um shopping center, se quer saber qual será o supermercado "âncora" para atrair os clientes.

Quando os conceitos subsunçores são pouco elaborados ou inexistentes cabe ao focalizador utilizar-se de "organizadores prévios". Esses organizadores servem de âncora para a nova aprendizagem e são os facilitadores da aprendizagem subseqüente. Neste ponto, novamente o jogo é de primordial importância: toda e qualquer pessoa já jogou na vida, portanto é um subsunçor que todos possuímos!

Para Ausubel organizadores prévios são como materiais introdutórios apresentados antes do próprio material a ser aprendido.

A partir do momento em que o treinando ancora um novo conhecimento, ele vai começar a questionar e perceber a diferença entre este novo conhecimento e o conhecimento que já possuía. É a "diferenciação progressiva", ou seja, o aprender acontece degrau a degrau, como se fosse uma escada.

Quando o novo conhecimento já está diferenciado e ancorado, agora é o momento de perceber como usar todas estas novidades na prática, junto com o que já se sabia. É o que Ausubel chama de "reconciliação integradora".

Neste momento fica pronta a tal da "ponte cognitiva", que faz com que o novo conhecimento se integre na estrutura cerebral do aprendiz fazendo sentido e tendo significado.

Quando não ocorre uma aprendizagem significativa, ocorre uma aprendizagem mecânica ("rote learning"). Ela é uma forma de se decorar fórmulas para uma prova, ou um estudo de última hora, sem significado para o estudante. Coisa que se esquece logo.

2.1.1. Para Ocorrer a Aprendizagem Significativa

Primeiramente o material didático tem que ser potencialmente significativo. Isto quer dizer que ele tem que ser lógica e psicologicamente significativo.

Em segundo lugar, o participante tem que ter um desejo manifesto de aprender.

Para ensinar que haja aprendizagem significativa, o focalizador tem que tomar os seguintes cuidados:

- Buscar a "ancoragem": falar a linguagem adequada ao participante, usar sinônimos, citar exemplos, explicar de maneiras diferentes, por exemplo, usando expressões como "isto é","ou seja,", etc.; usar uma argumentação lógica, para não parecer dogma de fé, pois o participante tem uma estrutura cognitiva inteligente e quer ter um material racional.

- Usar "diferenciação progressiva": apresentar primeiro as idéias mais gerais e inclusivas; progressivamente deve diferenciá-las em formas de detalhes e especificidade.

- Usar "reconciliação integradora": ao final de cada área conceitual, apresentar as relações entre o jogo, os conceitos e proposições ensinadas, mostrar diferenças e semelhanças entre eles.

2.1.2. A Aprendizagem Significativa e o CAV

Podemos fazer uma correlação direta entre o Ciclo de Aprendizagem Vivencial e a construção da ponte cognitiva de que fala Ausubel.

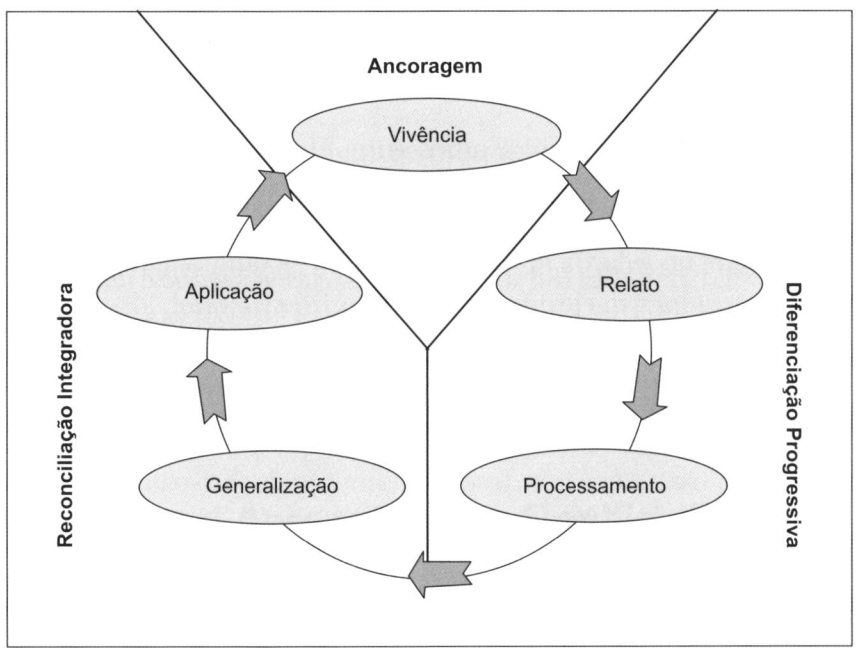

Figura 2: O Ciclo de Aprendizagem Vivencial e a Aprendizagem Significativa

O que, na aprendizagem significativa, chamamos de ancoragem, dentro do CAV é a própria vivência: é no jogo que vamos estabelecer as fundações para este novo conhecimento. Mesmo que o treinando não tenha organizadores prévios, o jogo provê a base para a construção do novo.

A próxima etapa, segundo Ausubel, é a diferenciação progressiva, onde o treinando vai construindo passo a passo o novo conhecimento. No CAV as etapas de relato e processamento fazem exatamente isto: através da análise passo a passo dos seus sentimentos e do que aconteceu durante o jogo, o treinando vai progressivamente percebendo a idéia geral do que precisa aprender.

Depois vem a reconciliação integradora, onde se completa a ponte cognitiva através da percepção da utilidade das novas informações. No CAV, as etapas de generalização e aplicação garantem justamente isto: do jogo para a vida – o que eu percebi que é sempre verdade? O que eu preciso mudar para ter um desempenho melhor?

2.2. O Jogo e a Economia de Experiência

"O trabalho é um palco e cada negócio é um show."
Pine & Gilmore

A Economia de Experiência é uma teoria de marketing de autoria de Joseph Pine e James Gilmore, que pode ser totalmente aplicada a treinamento e desenvolvimento de pessoas e ao trabalho de criação e adaptação de jogos.

2.2.1. A Progressão do Valor Econômico

Conforme a humanidade evolui, mais elementos são acrescentados para dar valor às coisas e o antigo se torna commodity, perdendo seu valor.

Tomemos, por exemplo, um bolo de aniversário: durante milhares de anos, para comer um bolo o homem precisava plantar o trigo, colher, moer, fazer a farinha, criar galinhas, pegar os ovos, etc...

Estávamos na época da **economia de produtos**, onde praticamente toda a humanidade trabalhava para extrair da natureza os produtos dos quais necessitava.

A partir do momento em que o homem se civilizou, foi para as cidades, os homens do campo passaram a fornecer estes produtos. Então, o homem do campo plantava o trigo, colhia, moía e vendia a farinha ao homem da cidade. A farinha passou a ser um **bem** e a humanidade entrou na época da **economia de bens**. Isto fez com que a farinha passasse a ser muito mais valorizada do que o trigo.

A partir da Era Industrial, mais uma evolução nos bens aconteceu: as indústrias perceberam que seria mais fácil para as pessoas se elas comprassem os ingredientes do bolo já juntos e colocados de uma maneira fácil de fazer. Surgiram as massas de bolo prontas, mais caras do que os ingredientes separados, e já um prenúncio de prestar serviços ao cliente.

A partir da década de 70, as pessoas passaram a não ter mais tempo para se dedicar tanto à cozinha e começaram a comprar mais bolos prontos. A entrega de um bolo pronto é um **serviço**, entramos na **economia de serviços**, com o preço do bolo pronto bem maior do que o dos ingredientes do bolo.

Nos últimos 10 anos, pouca gente faz festas infantis em casa. Proliferam buffets infantis onde, se o cliente pagar a festa, o bolo é de graça. Nestes buffets existem brinquedos, animadores, etc... As crianças adoram, porque vivem a **experiência** de brincar em brinquedos novos e interessantes. Passamos para a **economia da experiência**.

2.2.2. *A Economia da Experiência*

A Economia da Experiência é um novo patamar de oferta econômica, transformando serviços em experiências. Assim, o McDonald's oferece mais do que uma refeição: existe o McLanche Feliz, que além do hambúrguer oferece ao seu filho um brinquedo, além da possibilidade de fazer a sua festa de aniversário. Walt Disney, em seus parques, é um mestre em oferecer experiências. Lá, os funcionários são chamados de **elenco**, os visitantes de **convidados** e o parque se torna o **palco**.

Experiências são ofertas diferentes dos serviços. Experiências precisam ser **memoráveis**, continuar com o cliente por um longo tempo. Mas para atingir isto, o cliente precisa ter **sensações**. E, para ter as sensações, ele precisa participar ativamente. Será que o jogo provê isto aos nossos treinandos? E se não provê, o que falta?

Prover experiências exige uma nova perspectiva dos profissionais de treinamento. Fornecedores de bens costumam ver a si mesmos como fabricantes e fornecedores de serviços como provedores. Quando queremos prover aos nossos treinandos uma experiência, precisamos ver a nós mesmos como **produtores de eventos**. Como qualquer evento teatral, é necessário projetar o cenário e escrever os diálogos. Entretanto, estes scripts não são como muitos scripts de call center, seguidos cega e monotonamente. Os focalizadores precisam selecionar dinamicamente os diálogos e cenas em resposta às atitudes, comentários, perguntas e linguagem corporal dos treinandos. Isto significa que a experiência tem que ser verdadeiramente interativa, chegando ao ponto em que o treinando tem tanta ou mais influência do que o focalizador. Como em todo relacionamento, laços de confiança têm que ser estabelecidos.

À primeira vista tanto experiências quanto jogos têm uma afinidade com o ramo do entretenimento e lazer. Os parques de Walt Disney, uma visita ao teatro, esportes radicais ou um restaurante temático. Na verdade, já há algum tempo a indústria da educação continuada procura por ferramentas que possam transformar uma atividade comum em um evento memorável que o treinando vai querer repetir novamente e contar a todos os amigos, exatamente como quando procura entretenimento.

O Centro de Treinamento em Varejo da Accenture em Windsor, Inglaterra, transporta executivos sênior para o ano 2014. Lá eles podem interagir com tecnologia avançada no cenário de casas, supermercados, centros de distribuição, etc... A Accenture usa projetistas de cenários de filmes para produzir cenários impactantes que envolvem o executivo e em alguns casos os transportam para outro mundo. Muitos executivos saem chocados da experiência, fazendo com que suas empresas obtenham destaque no ramo de varejo.

A empresa Educational Discoveries and Professional Training International tem um curso de contabilidade básica para gerentes que não são da área de finanças que está baseado em barraquinhas de limonada, usando limões de verdade, balões, etc. A eficácia do uso de jogos em treinamento já está comprovada.

Produzir experiências como estas é caro, mas na economia da experiência cada vez mais pessoas vão querer pagar para transformar o comum em sensação.

Aconteceu comigo...

Desde o surgimento do Balanced Scorecard e o início das implantações desta metodologia de gestão no Brasil, percebi o quanto uma teoria tão complexa era difícil das pessoas entenderem.

Pensando nisto, em 2005 criei o jogo "Tai Pan 22®". Tai Pan 22® é um jogo de negócios, só que os treinandos são comerciantes do Século XXII que fazem viagens interplanetárias e devem vender suas mercadorias (ar, comida, água e serviços de comunicações) em todos os planetas, a todos os tipos de extraterrestres que são os seus clientes.

O jogo acontece em rodadas e a cada uma vou aprofundando os conceitos do Balanced Scorecard (ou às vezes uso para planejamento estratégico também), mostrando na prática (porém de uma maneira superdivertida) a diferença no desempenho empresarial com a adoção da metodologia.

> Afinal, quem nunca quis viajar em uma espaçonave e conhecer um planeta aquático, com cidades submarinas embaixo de enormes cúpulas, por exemplo?

2.2.3. Os Quatro Reinos de uma Experiência

Joseph Pine e James Gilmore identificaram quatro tipos de experiências, sendo a mais rica a combinação de todas as quatro.

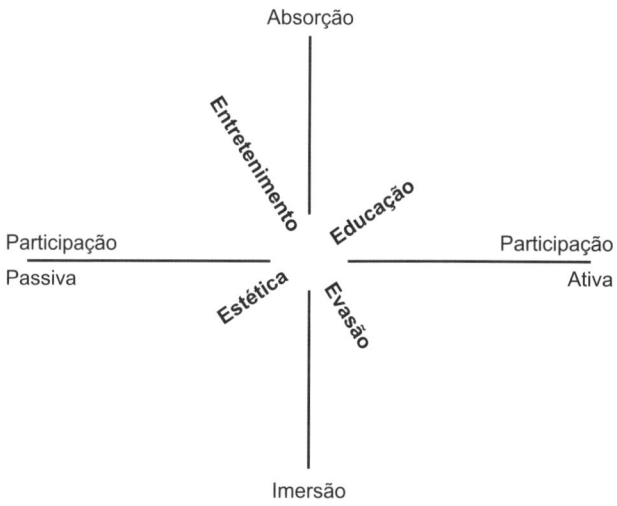

Figura 3: Os quatro reinos da experiência

Tudo se baseia em duas dimensões: o eixo horizontal define o grau de participação de quem está vivendo a experiência. O eixo vertical define o tipo de **conexão com o ambiente** que a pessoa está tendo, variando da absorção (que Pine e Gilmore definem como estar mentalmente conectado com a experiência) até a imersão (estar fisicamente conectado com a experiência).

Quando estamos passivamente absorvidos, estamos tendo uma experiência de **entretenimento** (por exemplo, assistindo à televisão). Todo jogo precisa entreter, precisa ser "legal".

Quando estamos absorvidos porém ativamente envolvidos, estamos tendo uma experiência de **educação**. Neste caso, estamos interagindo pelo menos mentalmente. O jogo também traz muito fortemente o elemento participativo, mas como vimos no capítulo anterior, precisamos ter uma visão clara para que a experiência educacional seja coerente. Se não soubermos o que queremos que o treinando aprenda, como ele mesmo vai saber?

Indo para a parte inferior do quadro, quando estamos passivamente imersos em uma experiência esta passa a ser **estética**. Este é o tipo de experiência que vivemos quando, por exemplo, vamos a lugares como as Cataratas do Iguaçu, o Rio Amazonas ou o Cristo Redentor no Rio de Janeiro. De repente estamos dentro de um ambiente tão impactante que nos emocionamos profundamente, o coração dispara, etc... Esta é uma das chaves para a conexão sensorial necessária para uma experiência memorável...

Finalmente, quando estamos ativamente imersos, fazemos parte de uma experiência de **evasão**. Nos envolvemos tanto que perdemos a noção do tempo. Nos entusiasmamos e nos motivamos, e entramos no que Daniel Goleman chama de "estado de fluxo" – deixamos de ser nós mesmos para sermos a experiência. O jogo também facilita bastante o estado de evasão.

Quando a experiência ocorre simultaneamente nestas quatro instâncias, praticamente garantimos que seja memorável.

Quando oferecemos experiências é possível que diferentes clientes procurem por experiências diferentes, mesmo quando o bem ou serviço-base seja o mesmo. Não perceber isto e oferecer a experiência errada pode ser desastroso.

Do mesmo modo, a profundidade requerida pela experiência vai variar de acordo com o cliente, o tipo de relacionamento e o local onde acontece.

Quando projetar e entregar uma experiência você deve procurar:

1. Dar um tema à experiência.
2. Mantê-la harmônica e com uma conotação positiva.
3. Eliminar conotações negativas.
4. Fazer ligações com outras experiências pessoais dos participantes.
5. Utilizar todos os cinco sentidos.

Aconteceu comigo...

Em 2004 fui contatada pela Regiane Alves, da Medial Saúde, que me passou o desafio de treinar toda a equipe de auxiliares de enfermagem em trabalho em equipe, proatividade e em ter a capacidade de ver o paciente como um ser por inteiro.

Até aí, tudo bem. O desafio foi que o espaço disponível tinha apenas 20 metros quadrados para turmas de 15 a 20 pessoas, os profissionais estariam ao término de um plantão de 12 horas e eu tinha duas horas para fazer isto!

Fui visitar o espaço e verifiquei que a primeira coisa a fazer seria dar um jeito na sensação de claustrofobia proveniente daquele treinamento em uma sala lotada, no melhor estilo "ônibus às 6 da tarde". Fui para casa pensando e por coincidência naquela noite passou na televisão o filme "Náufrago", aquele com o Tom Hanks. Veio a inspiração!

Peguei o jogo "A Fuga dos Quadrados" (está no livro), adaptei para uma história de náufragos, chamei um cenógrafo e criei o "Resgate em Moa-Moa®".

Basicamente, revestimos a sala com painéis de céu e mar em todas as paredes (dá sensação de amplidão), forramos o chão de azul e colocamos três ilhas cenográficas, um coqueiro, cinco pedras cenográficas, uma jangada, rodamoinhos e várias barbatanas de tubarão. Além de tudo isto, uma das ilhas tem várias frutas, a outra um galão de água (de verdade, eles precisam carregar) e pedaços de um radiotransmissor estão espalhados por todos os lados!

Quando os treinandos chegam, são colocados nas ilhas ao melhor estilo "lata de sardinhas", todos com algum tipo de limitação, como vendas nos olhos, na boca, mãos amarradas, pés amarrados, etc... Isto simboliza que eles se feriram em uma queda de avião. O objetivo do grupo é recolher toda a comida (frutas), água, pedaços do transmissor e levar, junto com todas as pessoas, para a ilha maior onde eles devem montar o transmissor e pedir o resgate.

Várias coisas acontecem: o ambiente impacta tanto que profissionais exaustos ressurgem das cinzas. O aprendizado acelera, pois quem nunca se imaginou em uma história de náufrago na ilha deserta? O grupo se une e consegue seus objetivos.

Foi um sucesso, tivemos aproximadamente 50 turmas na Medial e ainda hoje aplicamos o jogo em vários clientes.

Custo: o cenário é caro, difícil de transportar e demora 5 horas para montar, para usar por duas horas e depois levar mais duas para desmontar. Bom, tudo tem o seu preço, certo? Quanto mais memorável a experiência, maior a quantidade de trabalho por trás...

2.2.4. Economia de Experiência e os Quatro Pilares da Educação no Futuro

Os quatro reinos da experiência estão diretamente ligados aos Quatro Pilares da Educação para o Século XXI, de Jacques Delors e adotado como padrão pela UNESCO.

Delors diz que a educação tem que estar fundamentada em quatro aprendizados:

Aprender a Ser

Quando vivemos a parte da **estética**, estamos sendo um com o ambiente, aprendemos a ser. Delors fala especificamente no estímulo às artes e à imaginação criadora em um momento em que o mundo é ditado por regras e padrões.

Aprender a Fazer

Quando vivemos a parte da **evasão**, estamos totalmente envolvidos, fazendo. A questão crucial, segundo Delors, é sabermos como fazer em momentos de incerteza. Nada melhor do que o jogo para isto, certo?

Aprender a Aprender

Esta é fácil, é a **educação**. Aprender a aprender o mais rápido possível em um mundo em constante transformação.

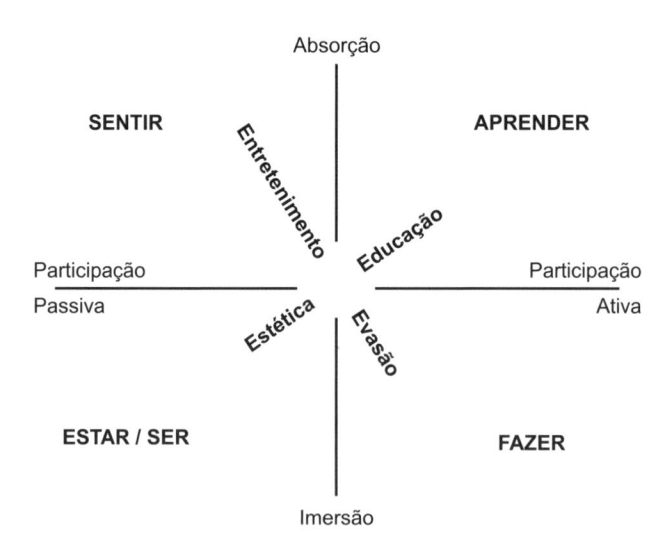

Figura 4: Os reinos da experiência e os pilares da educação no futuro

Aprender a se Relacionar

Para isto, precisamos saber o que sentimos, desenvolver a nossa inteligência emocional. Não é à toa que o **entretenimento** é uma das mais antigas formas de experiência existente. Vendo os outros, vemos a nós mesmos.

2.2.5. Rumo a uma Economia de Transformações

Pine & Gilmore afirmam que a próxima etapa, depois da economia de experiência, é a economia de transformações.

Isto porque, a cada experiência vivida as pessoas se tornam mais exigentes e em um determinado momento passam a querer, elas mesmas, liderar estas experiências.

A partir deste momento, é a própria pessoa que cria sua experiência, e se transforma com isto. Nos jogos isto se torna bem claro através da atual tendência para o sucesso dos jogos de RPG (Role Playing Games), onde os próprios jogadores criam a aventura que estão vivendo.

Eles criam também uma correspondência entre a progressão do valor econômico e o valor da inteligência:

Tabela 2: A Progressão dos Valores

Valor Econômico	Valor da Inteligência
Transformações	Sabedoria
Experiências	Conhecimento
Serviços	Informação
Bens	Dados
Produtos	Ruído

Claro que, a todos nós interessa passar o mais rápido possível para esta nova economia. As transições entre ciclos econômicos não são estanques, acontecem gradativamente.

E, em T&D e mais precisamente na criação de jogos, podemos chegar à Economia de Transformações ao nos assegurarmos de alguns pontos:

- Tudo deve ser **customizado**, nada padronizado. Cada caso é um caso, cada empresa uma empresa, cada treinando um treinando diferente. Não copie simplesmente jogos, crie, adapte.
- Não existem soluções 100% certas nem 100% erradas para um jogo. O que importa é o insight que gerar no treinando.
- Confie no grupo – evite controlar o processo.

Capítulo 3

Adaptação de Jogos

Lavoisier já dizia que no mundo nada se cria, tudo se transforma. Portanto, uma boa maneira de iniciar na criação de jogos é adaptando jogos já existentes para as suas próprias necessidades.

Vários autores e linhas de trabalho já conceituaram como fazer estas adaptações. Neste capítulo vamos ver as principais:

3.1. Tipos de Jogos Segundo sua Forma de Focalizar

Em nosso livro "Focalização de Jogos em T&D", eu e a consultora Magda Vila dividimos os jogos para T&D segundo a fase em que o grupo se encontra e a postura ideal do focalizador neste momento. São eles:

3.1.1. Jogos Ativadores e de Integração

Jogos ativadores e de integração servem para aumentar o nível de energia e de sinergia do grupo. Devem ser curtos, bastante ativos e o uso de músicas e danças é bastante recomendado.

Podem ser utilizados nas etapas de formação e estabelecimento de papéis ("tempestade") do grupo, na volta de almoços e coffee breaks e todas as vezes em que a energia do grupo cair ou ele ficar muito tempo tratando de um mesmo assunto.

☺ Jogo
Escravos de Jó

Recursos: nenhum
Tempo: 10 min.

Esta é uma maneira diferente de se jogar Escravos de Jó: dançando!

Formar um grande círculo, todos de mãos dadas, com uma das palmas virada para cima e a outra para baixo. Se possível, intercalar homens e mulheres.

O grupo deve cantar escravos de jó, dançando conforme a notação a seguir:

⇨ passo lateral para a direita (abre o pé direito, junta o esquerdo).

⇦ passo lateral para a esquerda (abre o pé esquerdo, junta o direito).

⇧ passo para a frente, iniciando com o pé direito.

⇩ passo para trás, iniciando com o pé direito.

⇗ se inclinar para a frente.

Escravos de Jó jogavam caxangá
⇨ ⇨ ⇨ ⇨

Tira, põe, deixa ficar
⇩ ⇧ ⇗ ⇗

Guerreiros com guerreiros fazem zigue, zigue zá
⇨ ⇨ ⇨ ⇦ ⇨

Guerreiros com guerreiros fazem zigue, zigue zá
⇨ ⇨ ⇨ ⇦ ⇨

> Obs.: se você quiser usar fundo musical, Valter Pini tem uma gravação de Escravos de Jó nos 7 Tons, ideal para uso em treinamento.
>
> *Fonte: Cristina Bonetti*

3.1.2. Jogos de Toque e Confiança

São jogos que necessitam de um entrosamento maior do grupo, utilizados na fase da pessoalidade, em que o grupo está estabelecendo relacionamentos interpessoais mais sólidos.

Ao aplicar este tipo de jogo é muito importante levar em conta a cultura do grupo ou da organização onde estamos. Será que convém utilizar toque? Será que as pessoas estão preparadas para confiar umas nas outras?

> ☺ **Jogo**
>
> **Eu Imagino...**
>
> **Recursos**: nenhum
> **Tempo**: 20 min.
>
> Formar duplas e decidir na dupla quem é A e quem é B...
>
> Pedir a A que olhe dentro dos olhos de B e que perceba a essência da pessoa que está na sua frente.
>
> Durante 5 minutos, A deve olhar para B e dizer: "Eu imagino que você..." (a primeira coisa que vier à cabeça).
>
> Após 5 minutos, inverter: B deve olhar para A e perceber a sua essência. Em seguida, por 5 minutos, é B quem vai dizer "Eu imagino que você...".
>
> Agora, as duplas têm 5 minutos para conversar e contar erros e acertos.
>
> *Fonte: David Earl Platts*

3.1.3. Jogos de Criatividade e Reflexão

São jogos que podem ser mais extensos, e que devem ser executados quando o grupo já está na fase de produtividade ou pronto para fazer a ligação entre o aprendizado com o jogo e o seu dia-a-dia profissional ou pessoal (transferência).

É importante ter tempo para poder explorar a riqueza e a profundidade deste tipo de jogo.

☺ **Jogo**

Show da Broadway

Recursos: caixa com chapéus, óculos, gravatas, echarpes, máscaras e outros materiais que eles possam usar para se fantasiar.
Tempo: 45 min.

"Vocês trabalham na área teatral, mais especificamente de musicais e estão para receber a visita de um famoso diretor americano".

Sua missão é montar o musical "XXX (nome da empresa), o show!". Se o diretor gostar, ele vai levar o espetáculo para a Broadway.

Vocês têm 30 minutos para montar o show e 5 para apresentar. Todos precisam participar, tanto da montagem quanto da execução.

Fonte: Paula Falcão, adaptado de Neiva Damaceno

3.1.4. Jogos de Gestão

São jogos que lidam com todos os aspectos de gestão: gestão de tempo, recursos, estresse, clientes, comunicação, planejamento estratégico, vendas, etc...

Devem ser aplicados quando o grupo está na fase de produtividade e é importante reservar tempo para o grupo rediscutir estratégias e tentar novamente.

Outra maneira de aplicar este tipo de jogo é logo no início do treinamento, com o claro propósito de "dar errado", para desequilibrar o grupo.

☺ **Jogo**

Trilha de Dominó

Recursos: 1 caixa de dominó por treinando
Tempo: 30 min.

Dividir os treinandos em dois grupos. Cada grupo deve montar uma trilha com todos os dominós que possuírem. Esta trilha deve ter no mínimo uma curva e uma bifurcação.

Os grupos devem se planejar para que as trilhas se juntem em alguma das extremidades.

O focalizador escolhe por qual das pontas vai derrubar o primeiro dominó e, independentemente da ponta, todos os dominós devem cair.

Obs.: Quanto mais barato o dominó, mais leve, e portanto maior, o grau de desafio da atividade. Você apenas deve tomar cuidado para não comprar alguns dominós que são lâminas, pois não irão ficar em pé.

Fonte: Luciano Lannes

3.1.5. Jogos de Fechamento

Para consolidar o assunto abordado e terminar o treinamento. Têm que ser bastante impactantes e não podem dar abertura ao surgimento de novas questões.

☺ Jogo

Chamado Pessoal

Recursos: nenhum
Tempo: 10 min.

Dividir os treinandos em círculos de 8 pessoas.

Cada pessoa deve ir uma vez ao centro do círculo e dizer como gosta de ser chamada.

Os demais participantes devem então, de coração aberto, falar em uníssono o nome ou apelido da pessoa 7 vezes, começando baixo e aumentando gradativamente a altura da voz.

Fonte: Eduardo Carmello

A classificação acima é apenas para fins didáticos. Independentemente do tipo de jogo, este sempre reflete o processo que está acontecendo na vida dos jogadores. Isto significa que o focalizador sempre vai poder perceber exatamente o comportamento que cada participante mostra e ajudá-lo a se perceber, melhorando ou mudando atitudes.

> ### ☺ Jogo
>
> ### Casa, Inquilino e Terremoto
>
> **Recursos**: nenhum
> **Tempo**: 10 min.
>
> Dividir os treinandos em trios. Em cada trio, dois devem ser uma "casa", ficando um de frente para o outro e dando as mãos acima da cabeça. O terceiro participante será o "inquilino", morando "dentro" da casa.
>
> Os trios devem se espalhar pela sala e seguir os comandos do focalizador:
>
> **Inquilino** – as casas continuam no lugar e os inquilinos trocam de casa. Não vale mudar para a casa ao lado.
>
> **Casa** – os inquilinos continuam no lugar e as casas trocam de inquilino. Não vale soltar as mãos nem mudar para o inquilino ao lado.
>
> **Terremoto** – os trios se desfazem e procuram rapidamente pessoas para fazer um novo trio.
>
> *Fonte: Fábio Brotto*

Em uma oficina de criação de jogos, apliquei o jogo acima como um ativador e em seguida dividi as pessoas em grupos para discutir como adaptá-lo aos demais tipos de jogos segundo a forma de focalizar. Seguem algumas das sugestões:

Jogo de Confiança – o jogo seria exatamente o mesmo, mas o focalizador abordaria a questão de como o grupo se mobilizou para ajudar quem não estivesse encontrando sua nova casa, inquilino ou trio.

Jogo de Criatividade – em vez de duas pessoas, as casas teriam três ou quatro pessoas que deveriam criar estilos de casas diferentes.

Jogo de Reflexão – a consultora Magda Vila, que participou desta oficina, relatou ter utilizado este jogo em uma companhia de habitação mudando apenas o nome para "Casa, Mutuário e Terremoto", tendo apenas com isso provocado uma reflexão do grupo sobre o seu relacionamento com os mutuários.

Jogo de Gestão – a cada vez que o focalizador gritasse "terremoto", o grupo teria 20 segundos para realizar a "reengenharia de trios" de modo organizado e em ordem.

Como podemos perceber pelo exemplo acima, muitas vezes basta mudar o foco para que um jogo fique diferente!

3.2. Segundo a Filosofia da Cooperação

Terry Orlick, um dos precursores dos Jogos Cooperativos, relata em seu livro "Vencendo a Competição" que, em suas primeiras experiências, teve dificuldade em fazer as pessoas compreenderem que jogar cooperativamente também apresentava desafios e era divertido.

A partir desta experiência, passou a adaptar jogos para que os participantes fossem gradualmente entrando em contato com os princípios da cooperação.

Segundo Orlick, os tipos de jogos quanto ao seu desenvolvimento são:

3.2.1. Jogos sem Perdedores

Neste tipo de jogo o importante é fazer com que os jogadores percebam que não é necessário alguém perder para que o jogo seja interessante.

☺ Jogo

Jogo das Cadeiras Cooperativo

Recursos: cadeiras bem resistentes, aparelho de som, CD com música bem animada.
Tempo: 10 a 15 min.

Neste jogo, ao invés de se tirar uma cadeira e um participante cada vez que pára a música, tiramos as cadeiras e conservamos os participantes.

O objetivo final passa a ser que todos consigam se sentar juntos em uma cadeira só!

Fonte: Fábio Brotto

3.2.2. Jogos de Resultado Coletivo

O objetivo destes jogos é fazer com que diferentes equipes trabalhem "com" ao invés de trabalhar "contra".

☺ Jogo

Volençol

Recursos: área grande ao ar livre com pé-direito bem alto, bolas de vôlei, apito, lonas, lençóis ou redes.
Tempo: 30 min.

Várias equipes distintas tentam jogar uma ou mais bolas umas para as outras usando para isso lençóis, cobertores, lonas, redes ou qualquer outro material à mão em que todos possam impulsionar a bola coletivamente. O objetivo é não deixar a bola nem as pessoas caírem no chão.

Fonte: Guillermo Brown

3.2.3. Jogos de Inversão

Nestes jogos, as regras tradicionais de jogos e esportes conhecidos são modificadas para brincar com nosso conceito tradicional de vencer e perder.

☺ Jogo

Futpar

Recursos: quadra, bola de futebol, apito, camisas com duas entradas para a cabeça ou vendas para amarrar os braços.
Tempo: 30 min.

Um jogo de futebol com algumas modificações:

1. Os jogadores devem atuar em duplas do mesmo time, que devem permanecer todo o tempo de mãos dadas.
2. Não há goleiros.
3. A cada vez que uma dupla de jogadores faz um gol, mudam de time com outra dupla.

Fonte: Fábio Brotto

3.2.4. Jogos Semicooperativos

Conservamos a estrutura básica do jogo competitivo, mas tentamos alterar a ênfase na competição. Um time continua jogando contra o outro, mas diminuímos a importância do resultado, maximizando a convivência e o "jogo limpo".

☺ Jogo

Todos Marcam Gol

Recursos: quadra, bola de futebol, apito.

Tempo: 30 min.

Jogo de futebol em que o time só vence se todos os seus jogadores marcarem um gol.

Fonte: Terry Orlick

☼ Dica

Comece a testar a adaptação de jogos transformando os jogos acima para a linguagem de sua organização e para os recursos que você tem disponíveis.

3.3. Segundo a Teoria dos Jogos

A Teoria dos Jogos se propõe a modelar matematicamente estratégias, decisões e resultados de jogos, principalmente a partir de como os jogadores receberam as informações essenciais ao jogo.

Para a Teoria dos Jogos um jogo é cooperativo quando todos os jogadores têm a oportunidade de estabelecer uma estratégia conjunta, e competitivo, quando não há esta possibilidade.

Pode-se dizer que uma condição essencial na Teoria dos Jogos é o uso de informação pelos participantes. O jogo muda completamente quando mudamos a estratégia de informação dos jogadores. Esta informação pode ser dada de quatro formas:

3.3.1. Informação Completa

Informação completa é aquela que contém todo o conhecimento necessário para a tomada de decisão: regras do jogo, informações sobre recursos, jogadores, etc.

☺ **Jogo**

Trekking com Planilha

Recursos: uma área ao ar livre com tamanho/dificuldade compatíveis com o perfil do grupo, planilha, bússola.

Esta área recebe marcações que podem ser pontos da paisagem, cordas, setas, bandeirinhas, etc., e que servem para delimitar uma rota entre dois pontos.

O grupo recebe uma planilha com o roteiro a ser cumprido, bússola e deve ir do ponto A ao ponto B.

Fonte: Augusto Pascoli

3.3.2. Informação Incompleta

É aquela que não contém todo o conhecimento necessário para a conclusão do jogo.

☺ Jogo

Off-road com Pistas

Recursos: jipes e seus respectivos jipeiros. Trilha fora da estrada com tamanho e grau de dificuldade compatíveis com o perfil do grupo.

Tempo: mínimo de 4 horas.

Marcar pontos de parada no percurso dos jipes, onde bandeirinhas indicam a pista que leva para o próximo ponto.

O jipeiro deve fazer exatamente o que o grupo pedir, e os participantes são responsáveis por tirar o jipe de todas as "encrencas" em que o colocarem: caminho errado, buracos, atoleiros, etc...

Variação:

Os jipes recebem números e cada pista é direcionada a um determinado jipe, que deve ser o primeiro a chegar no ponto de parada (exigindo ultrapassagem dos outros jipes). Os passageiros do jipe que pegou a pista são responsáveis pelas decisões estratégicas do grupo até a próxima pista.

Fonte: Marli Santander

3.3.3. Informação Simultânea

É aquela conhecida apenas após a atuação dos jogadores.

☺ Jogo

Charada de Odin

Recursos: rosa-dos-ventos. Cartões numerados com charadas para cada subgrupo. Tesouro (caixa com bombons, bolo ou qualquer outra prenda).
Tempo: 20 min.

Este é o jogo que uso para finalizar Aasgard – O Jogo Viking de Desenvolvimento de Potencial®. Seu principal objetivo é fechar o jogo tirando a ênfase dos jogadores do sistema límbico (emoções) e colocando no neocórtex (raciocínio), para que possam elaborar o plano de ação de final do jogo.

Em Aasgard®, os jogadores estão divididos em 6 clãs. Cada clã recebe um cartão com frases diferentes de um mesmo enigma. Se conseguirem decifrar, podem cumprir o que está escrito na charada.

Não vou colocar aqui a charada de Aasgard®, afinal você pode estar jogando comigo um dia destes! Mas vou colocar a rosa-dos-ventos e a charada que elaborei especialmente para aplicar no aniversário de um ano do grupo RHTec, das empresas de TI de São Paulo.

Rosa-dos-Ventos

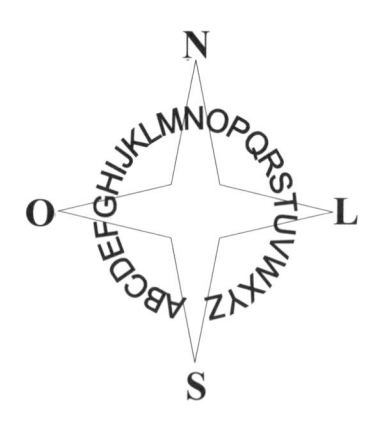

Eram 18 grupos, e quando decifraram a charada surgiu um grande bolo de aniversário, que finalizou o evento. No caso do grupo RHTec, as frases eram:

1. Odin
2. abençoa vocês.
3. Digam
4. todos juntos
5. as palavras
6. mágicas
7. "Feliz aniversário"
8. grupo
9. RHTec
10. e as
11. bênçãos
12. da CTO
13. e da
14. RH First Line
15. irão materializar
16. um tesouro
17. muito
18. precioso

A charada é elaborada contando-se as letras em uma rosa-dos-ventos. Por exemplo, a letra A é a primeira de Sul para Oeste, então seu código seria 1SO.

O texto para a charada, após ser convertido na rosa-dos-ventos, ficou:

44 CRIAÇÃO E ADAPTAÇÃO DE JOGOS EM T&D

1. 1NL-4SO-2ON-0N
2. 1SO-2SO-2OS-0N-3SO-1NL-1SO 5SL-1NL-3SO-2OS-1LN
3. 4SO-2ON-0O-1SO-1NO
4. 1LN-1NL-4SO-1NL-1LN 3ON-1LS-0N-1LN-1NL-1LN
5. 1SO-1LN 2NL-1SO-l-1SO-5SL-4NL-1SO-1LN
6. 1NO-1SO-0O-2ON-3SO-1SO-1LN
7. 1OS-2OS-l-2ON-1SL 1SO-0N-2ON-5SL-2OS-4NL-1LN-1SO-4NL-2ON-1NL
8. 0O-4NL-1LS-2NL-1NL
9. 4NL-1ON-1LN-2OS-3SO
10. 2OS 1SO-1LN
11. 2SO-2OS-0N-3SO-1SO-1NL-1LN
12. 4SO-1SO 3SO-1LN-1NL
13. 2OS 4SO-1SO
14. 4NL-1ON 1OS-2ON-4NL-1LN-1LN L-2ON-0N-2OS
15. 2ON-4NL-1SO-1NL 1NO-1SO-1LN-2OS-4NL-2ON-1SO-l-2ON-1SL-1SO-4NL
16. 1LS-1NO 1LN-2OS-1LN-1NL-1LS-4NL-1NL
17. 1NO-1LS-2ON-1LN-1NL
18. 2NL-4NL-2OS-3SO-2ON-1NL-1LN-1NL

Fonte: Paula Falcão

3.3.4. Informação Seqüencial

É aquela em que alguns jogadores conhecem a informação apenas após uma ação de outros participantes.

☺ Jogo

A Fuga dos Quadrados

Recursos: fita crepe ou 3 cordas para marcar o chão. Vendas para todos os participantes. Três tábuas com aproximadamente 80 cm de comprimento (podem ser substituídas por capachos).
Tempo: 30 min.

Marcar 3 quadrados de 3 × 3 no chão, a aproximadamente 2 metros um do outro.

Dividir os participantes em 3 grupos:

O grupo 1 vai para o primeiro quadrado e os participantes ficam cegos, vendando os olhos.

O grupo 2 vai para o quadrado do centro e os participantes ficam com dificuldades de locomoção, com as pernas amarradas.

O grupo 3 vai para o terceiro quadrado e os participantes ficam mudos, amordaçando a boca.

Após todos estarem posicionados, o focalizador coloca as 3 tábuas ao lado do quadrado 1 (cegos).

A consígnia é dada apenas para os mudos, do quadrado 3:

- ✓ Vocês têm agora 20 minutos para trazer os outros dois grupos para o quadrado de vocês.
- ✓ A única maneira de passar de um quadrado para outro é fazendo uma ponte com as tábuas, que estão ao lado dos cegos.
- ✓ Apenas os cegos podem manusear as tábuas.
- ✓ Os paralíticos precisam ser guiados para atravessarem a ponte.
- ✓ Cada cego pode guiar apenas um paralítico por vez.

- ✓ Vocês não podem sair daqui.
- ✓ A cada não-conformidade com estas instruções vocês perdem um minuto do tempo total para trazer todos para cá.

Fonte: Fernando Seacero e Jean Pasteur

⚑ Você Sabia...
O Dilema do Prisioneiro

O Dilema do Prisioneiro é um dos temas clássicos para se estudar a teoria dos jogos, e até inspirou um dos jogos mais usados em treinamento, o Jogo do X e do Y ou do Vermelho e do Azul.

É o seguinte: dois criminosos são presos e interrogados separadamente. A polícia não tem provas contra eles e a única forma de condená-los é um acusar o outro. Cada prisioneiro tem uma escolha: calar ou acusar o companheiro. Se os dois ficarem calados, ambos serão libertados. A polícia diz a ambos separadamente que, se um denunciar o outro, será considerado inocente e ainda ganha um prêmio em dinheiro. O outro pegará prisão perpétua. Se os dois se acusarem mutuamente, os dois serão condenados. Se nenhum falar, ambos estão livres. Só que eles não têm oportunidade de falar um com o outro e elaborar uma estratégia. O que irão fazer? Qual a melhor estratégia?

Para poder perceber que estratégia seria a mais vantajosa para cada prisioneiro, o cientista Robert Axelrod promoveu um torneio em que os participantes apresentariam programas de computador representando os prisioneiros. Os vários programas seriam confrontados aos pares (como se cada um fosse um prisioneiro), e cada um deles escolheria trair (acusar) ou cooperar (calar) em cada encontro. Seriam 200 encontros seguidos, para simular o fato de que em relacionamentos muitas vezes temos que tomar seguidamente as mesmas decisões.

Axelrod determinou que venceria o programa que saísse em liberdade mais vezes depois de enfrentar cada adversário duzentas vezes seguidas.

Vários tipos de programas foram construídos, com várias estratégias. Por exemplo, trair uma vez e cooperar na próxima, alternadamente; cooperar sempre; trair sempre; cooperar até o centésimo jogo e depois só trair e muitas outras estratégias.

O programa campeão adotava uma estratégia muito simples: TIT FOR TAT, que significa "olho por olho". TIT FOR TAT sempre começa cooperando, e depois faz exatamente o que o oponente tiver feito no lance anterior: trai, se tiver sido traído, e coopera caso tenha obtido cooperação. Quatro características deste programa chamaram a atenção de Axelrod:

1. É "legal" – nunca trai primeiro.
2. É "durão" – nunca deixa passar uma traição sem retaliar na mesma moeda no lance seguinte.
3. Perdoa. Se, após a traição e conseqüente vingança, o oponente passar a cooperar, TIT FOR TAT esquece o passado e coopera também.
4. É claro. Não há truque, nem "pegadinha".

Depois que TIT FOR TAT apareceu como vencedor vários programas foram desenhados especificamente para vencê-lo. Até este momento (junho de 2003) não conseguiram.

😊 Jogo

Jogo do Vermelho e do Azul

Recursos: 4 cartões vermelhos, 4 azuis, flip-chart.
Tempo: 30 min.

Divida a turma em 4 grupos.

Avise que eles são departamentos de uma mesma empresa (não precisa dar muita ênfase).

Cada grupo recebe uma ficha azul e uma vermelha.

Em cada uma das rodadas a equipe escolherá a cor que vai mostrar (vermelha ou azul) e o Instrutor marcará os pontos correspondentes.

Diga que o jogo tem 10 rodadas e que a cada rodada serão marcados os pontos referentes a cada equipe.

Faça um esquema gráfico num flip-chart da seguinte forma:

Rodada	Equipe 1	Equipe 2	Equipe 3	Equipe 4
1				
2				
3				
4				
5				
6				
7				
8				
9				
10				

Depois da 3ª ou 4ª rodada, peça que cada equipe escolha um líder para discutir em conjunto a melhor forma de continuar.

O objetivo é que todos juntos ganhem.

O gabarito é o seguinte:

A	A	A	A	– 4 para cada equipe
A	A	A	V	– 3 para quem colocou azul + 1 para quem colocou vermelho
A	A	V	V	– 2 para quem colocou azul + 2 para quem colocou vermelho
A	V	V	V	– 1 para quem colocou azul + 3 para quem colocou vermelho
V	V	V	V	+ 1 para cada um (dobrar se começar a repetir o mesmo esquema)

Fechar o jogo falando da importância do trabalho em equipe para que todos ganhem. Um trabalho em equipe só começa realmente a dar resultados produtivos depois que a equipe trabalha durante bastante tempo em conjunto.

Fonte: Magda Vila

3.4. Outras Adaptações

Em seu livro "Jogos de Empresa", Maria Rita Gramigna propõe algumas maneiras de alterar jogos. Seguem algumas:

3.4.1. Mudar a Tarefa e Manter as Regras

Podemos mudar a "cara" de um jogo mudando materiais, mas mantendo sua arquitetura.

☺ Jogo

O Jogo dos Autógrafos

Recursos: uma caneta para cada participante, bastante sulfite, apito, cronômetro ou relógio.

Tempo: 15 min.

O objetivo é obter o maior número de assinaturas numa folha. Não vale repetir assinaturas. Não vale inventar assinaturas.

Tempo para obter as assinaturas: 30 seg. (para grupo de 25 pessoas).

Antes de começar a contar o tempo, todos devem estar sentados com a caneta na mão. Qualquer outro detalhe é estratégia do grupo. Deixar um monte de sulfite no meio da sala.

Findo o tempo, pergunte se alguém conseguiu a assinatura de todos os participantes. Verifique se o grupo quer melhorar sua marca e conceda um tempo para se organizarem, sem interferir.

Antes de começar a marcar novamente o tempo, retire as folhas já utilizadas.

Fonte: Fábio Brotto

André Valente de Barros Barreto queria usar este jogo com um grupo que era semi-analfabeto e fez a seguinte adaptação:

☺ Jogo

O Jogo dos Copinhos

Recursos: copinhos de plástico vazios, garrafas de água (com quantidade diferente de água em cada garrafa, mas no total

suficiente para um pouco mais do que encher todos os copinhos), apito, cronômetro ou relógio.
Tempo: 15 min.

O objetivo é encher ao máximo o seu copinho. Só vale pegar água das garrafas. Tempo para obter as assinaturas: 30 seg. (para grupo de 25 pessoas).

Antes de começar a contar o tempo, todos devem estar sentados com o copo na mão. Qualquer outro detalhe é estratégia do grupo. Deixar as garrafas com água no meio da sala.

Findo o tempo, pergunte se os copos estão cheios, médios ou vazios. Verifique se o grupo quer melhorar sua marca e conceda um tempo para se organizarem, sem interferir.

Antes de começar a marcar novamente o tempo, distribua novos copos e coloque garrafas com água no centro.

Fonte: André Valente de Barros Barreto

3.4.2. Introduzir ou Alterar Algumas Regras

Para aumentar ou diminuir o grau de dificuldade.

☺ **Jogo**

Pá

Recursos: nenhum
Tempo: 15 min.

Fazer um círculo. O objetivo é "passar um pá" pelo círculo. O pá é passado batendo-se uma palma e gritando "pá" para a pessoa ao lado. O "pá" nunca deve parar, e neste momento vai sempre para o mesmo lado, na maior velocidade possível.

A partir daí, algumas variações foram introduzidas:

Flash – a pessoa que "recebeu" o "pá" pula, se virando para quem passou o "pá" e grita "flash". O pá deve voltar de onde veio, mudando de direção.

Shiva – a pessoa que "recebeu" o "pá" olha para alguém que estiver olhando para ela do outro lado da roda, aponta a mão para esta pessoa como um revólver e grita "shiva". O "pá" foi para a pessoa apontada, que deve escolher para que lado vai passá-lo.

Furnicuti – a pessoa que "recebeu" o "pá" grita "furnicuti" e todos devem trocar de lugar na roda o mais rápido possível. Assim que a roda estiver formada novamente quem gritou "furnicuti" passa o "pá" para um dos lados.

Aruba – a pessoa que "recebeu" o "pá" grita "aruba" e todos devem correr para o centro da roda, levantando os braços e gritando "aruba". Assim que gritarem voltam rapidamente ao lugar e quem gerou o "aruba" passa o "pá" para um dos lados.

Fonte: Fernando Seacero e Jean Pasteur

3.4.3. Reunir Dois ou Mais Jogos em um Só

☺ Jogo

Multijogo

Recursos: faixas de duas cores diferentes, bola de vôlei, bola de futebol de salão, apito, quadra ou espaço em que se possa demarcar o meio da quadra e dois gols.

Tempo: 30 min.

Dividir o grupo em dois times com faixas de cores diferentes.

O jogo se inicia com futebol de salão, sem goleiro. Assim que alguém marcar um gol, esta pessoa muda de time e o jogo passa a ser handebol. Assim que alguém marcar ponto muda de time e o jogo passa a ser vôlei.

A rede do vôlei será composta por metade dos participantes de cada time, que ficam em uma fileira no centro da quadra, alternadamente (um de um time, um de outro). Os componentes da rede podem pular ou abaixar, mas não podem sair do lugar. Assim que alguém marcar ponto, muda de time e o jogo passa a ser futebol de salão, e assim por diante.

Fonte: Fábio Brotto

3.4.4. Incluir Tarefas Novas

☺ Jogo

Estafeta com Bambolê

Recursos: um bambolê, apito, cronômetro ou relógio, fita crepe, CD com música que incentive a ir rápido (eu uso Trish Trash Polka, de Strauss).

Tempo: depende do tamanho do grupo e do tamanho da "pista".

Delimitar com fita crepe o início e o fim de uma "pista de corridas". Metade do grupo fica em cada ponta da pista. Dar o bambolê para um dos grupos.

É uma corrida de revezamento, onde só vale pisar dentro do bambolê. A pessoa coloca o bambolê no chão, pisa dentro, tira o bambolê pela cabeça e coloca na sua frente, pisa dentro, etc... Ao chegar do outro lado, outra pessoa volta com o bambolê, até que todos tenham trocado de lado.

É um ativador, mas se você quiser usar como jogo de gestão pode marcar o tempo da primeira vez e propor ao grupo uma segunda rodada, com a meta de abaixar o tempo em 20%, por exemplo.

Fonte: Ana Paula Peron

Baseadas neste jogo, eu e as consultoras Ana Paula Peron e Fernanda Prando Godoy criamos o jogo a seguir:

☺ Jogo

Maratona da Torre

Recursos: uma bola dentinho, duas bolinhas de tênis, um bambolê, dois pratos de plástico, barbante, apito, fita crepe, no mínimo uma peça de lego (o maior que você encontrar) por pessoa.

Tempo: depende do tamanho do grupo e do tamanho da "pista".

Delimitar com fita crepe o início e o fim de uma "pista de corridas".

O Jogo

1. O grupo se divide em dois subgrupos (A e B) colocados um no início e outro no fim da "pista".
2. Cada subgrupo tem que seguir pela linha, alternadamente, executando as tarefas referentes à sua letra – A ou B.

3. A equipe tem um tempo para planejar a realização das tarefas, que devem ser executadas por participantes diferentes.
4. Se o subgrupo for inferior ao número de tarefas uma pessoa pode repetir tarefas. Caso seja superior, uma tarefa ou mais tarefas deverão ser repetidas.
5. A focalizadora está encarregada de arbitrar o jogo, além de entregar um pacote de peças de lego para cada jogador que executar sua parte na tarefa.
6. Cada pessoa que receber as peças deve rapidamente colocá-las no lugar certo, construindo uma torre.
7. O não cumprimento das regras de cada tarefa acarreta retrabalho – o executante deve voltar ao início da linha e começar novamente.

Subgrupo A

1. **Levando a bola na testa** – duas pessoas carregam uma bola prensando-a somente com a testa, colocando as mãos para trás do corpo (2 pessoas).
2. **Cruzando as bolas** – quatro pessoas colocadas em forma de cruz jogam as bolas de tênis para quem está na sua frente, ao mesmo tempo (4 pessoas).
3. **Corrida de bambolê** – a primeira pessoa passa o bambolê pelo corpo do próximo, que repete a mesma ação até que cheguem no ponto final (2 pessoas).
4. **Entrelaçados** – 4 pessoas, de costas umas para as outras, entrelaçar os braços e ir até o final, andando (4 pessoas).
5. **Corrida do prato** – 1 pessoa, com um prato em cada mão, equilibrando uma bola de tênis em cada prato (1 pessoa).
6. **Cadeirinha** – Duas pessoas transportam uma terceira pessoa, em forma de cadeirinha (3 pessoas).

> **Subgrupo B**
>
> 1. **Corrida de três pernas** – 2 pessoas amarram a perna direita de uma com a perna esquerda da outra e assim devem correr até o final (2 pessoas).
> 2. **Turma do Saci** – 2 pessoas abraçadas e pulando num só pé (2 pessoas).
> 3. **Socorro médico** – 4 pessoas devem carregar uma quinta pessoa que deverá estar deitada e imóvel (5 pessoas).
> 4. **Levar a bola nas costas** – 2 pessoas de mãos para cima, apoiar a bola nas costas e levá-la até o final, sem deixar cair (2 pessoas).
> 5. **Carrinho de mão** – em dupla, uma carrega a outra pelas pernas, e esta caminha com as mãos (2 pessoas).
> 6. **Tênis de prato** – Uma pessoa joga a bolinha de tênis para a outra, de prato para prato, a uma distância de dois metros, sem deixar cair, até chegar no final (2 pessoas).
>
> Fonte: Ana Paula Peron, Fernanda Prando Godoy e Paula Falcão

Além destas propostas da Maria Rita, na minha experiência com jogos de tabuleiro tenho sempre procurado criá-los de uma maneira modular, de forma a poder substituir apenas alguns componentes quando necessário:

3.4.5. Alterar Módulos Específicos de um Jogo

Se o jogo foi construído de forma modular, pode ser alterado sem maiores problemas. A questão aqui é criar o jogo em partes: cada componente separado do outro, de modo que a alteração de um não acarrete necessariamente alterações de outros.

Por exemplo, em 2005 criei o jogo Modelo de Liderança, para treinar os colaboradores no Modelo de Liderança Cargill. Este jogo é um jogo de tabuleiro, para ser jogado em até 4 horas por equipes de até 16 treinandos cada.

O Modelo de Liderança da Cargill está baseado em um núcleo com 3 valores essenciais, do qual saem 4 capacidades. A cada capacidade corresponde uma lista de competências e a cada competência uma lista de indicadores. O jogo foi criado com um tabuleiro, peças de um quebra-cabeça, 4 baralhos e um dado de 6 faces.

O tabuleiro guia a mecânica do jogo, cujo objetivo é vencer desafios e ganhar as peças do quebra-cabeça, que montam o desenho do modelo de liderança no tabuleiro. O jogo está ganho quando o grupo completa o quebra-cabeça.

Para isto eles vão utilizar o primeiro baralho, de capacidades, onde estão detalhadas indicador a indicador cada uma das competências das 4 capacidades. Este baralho serve para ancorar o conhecimento dos treinandos.

Em seguida eles irão utilizar o dado, onde em cada face está um dos valores essenciais da liderança. O valor sorteado determina qual dos outros 3 baralhos o grupo irá usar (um relacionado a cada valor), e que sorteia o desafio. Os desafios foram inspirados em cada um dos indicadores, mas não existe uma conexão escrita – a diferenciação progressiva deve vir dos treinandos.

O RH da Cargill aplicou este jogo em todo o Brasil, fabricou vários, ganhou o prêmio de melhor iniciativa mundial de 2005 e traduziu o jogo para inglês e espanhol, passando a exportá-lo para unidades da empresa em outros países.

Até aí tudo ótimo, todo mundo feliz e contente. No segundo semestre de 2006 as capacidades do modelo de liderança mudaram. E agora? Trabalho perdido?

Não!!! Criamos um novo baralho de capacidades, pegamos os baralhos de desafios e fizemos uma triagem dos desafios que ainda se aplicavam, descartamos alguns e criamos outros. Em 48 horas o jogo estava adaptado ao novo modelo.

O trabalho foi mandar a gráfica fazer novos baralhos e trocá-los para todos os clientes internos que tinham o jogo!

Uma regra básica da análise de sistemas (e um jogo não deixa de ser um sistema) é que sistemas devem ter **alta coesão** e **baixo acoplamento**. Complicado, não?

Em português normal, isto quer dizer que cada parte projetada deve ser muito coesa – objetiva e garantir que 100% de seu objetivo sejam cumpridos, sem qualquer tipo de adaptação. Ao mesmo tempo, cada uma destas partes deve ser a mais autônoma possível, funcionando sem necessidade das outras. Exatamente como quando compramos um móvel modular – podemos comprar prateleiras se quisermos, gavetas, porta-CDs, rack para a televisão, etc... Só que qualquer parte vai funcionar.

No jogo Modelo de Liderança é isso o que acontece. Poderíamos criar outros jogos onde se usasse só o tabuleiro e as peças do quebra-cabeça, só o baralho de capacidades, só os baralhos de desafios, etc., sem o menor problema!

Capítulo 4

Criação de Jogos

Todo mundo é criativo e cria mil coisas a todo momento. Todo mundo, em algum momento da sua vida, já criou algum jogo. Se você está lendo este livro seqüencialmente, a essa hora já deve ter tido mil idéias para jogos, já que foram muitos os exemplos de adaptações citados nos capítulos anteriores.

Depois que adaptamos muitos jogos, começamos a querer ter um jogo completamente diferente, criado por nós. Sinto dizer que nenhuma invenção é totalmente nova; as únicas invenções totalmente novas na história da humanidade foram a roda e a utilização do fogo. Todo o resto é decorrência...

Mas não se preocupe. Apesar de sempre basearmos nossas criações em alguma coisa, elas sempre serão únicas e originais, uma vez que cada um de nós é único e original, diferente de todos os outros.

A idéia deste capítulo é mostrar a você como criar e produzir um jogo, mas você pode usá-lo para inventar o que quiser.

4.1. O Processo de Criação

Existem muitas conceituações de criatividade, e muitas técnicas para desenvolver a mesma.

O importante é perceber que o processo criativo sempre envolve um par de opostos: ter a idéia e perceber como colocá-la em prática.

Só ter as idéias não adianta: um grande pintor, por exemplo, tem a idéia para o quadro mas também tem a técnica para executá-lo. Mesmo que esta técnica não exista de início, ao longo de várias tentativas acaba sendo desenvolvida.

Se só a técnica existir, por outro lado, faltam imaginação, arte e colorido.

Sabemos que os nossos hemisférios cerebrais têm funções diferentes e eu já vi algumas definições de criatividade como produto do lado direito do cérebro. Não concordo com isto.

O lado direito – sensível, intuitivo, imaginativo e com a capacidade de fazer ligações inusitadas entre as coisas – serve para o processo que chamo de geração: a chegada da idéia.

Mas não adianta termos a idéia sem conseguir fazer com que se torne realidade. Para isto, entra em ação o hemisfério esquerdo com sua racionalidade, lógica, análise e capacidade de planejar. Neste momento estamos no processo que chamo de sistematização: adaptar a idéia ao que é possível fazer.

Em 1887, ao se cortar fazendo a barba, King C. Gillette teve a idéia da lâmina de barbear. Gillette nada entendia da laminação de metais e precisou contratar alguns engenheiros metalúrgicos para desenvolver a tecnologia. Levou 14 anos para isto! Só em 1901 conseguiu uma lâmina de barbear que funcionava, o que permitiu que patenteasse a invenção e fundasse sua companhia! E, com certeza, Gillette naquele momento não percebeu que tinha também inventado algo mais importante do que a lâmina de barbear: o conceito de produto descartável.

CRIAÇÃO DE JOGOS 61

Portanto, temos aqui 1 minuto de hemisfério direito para 14 anos de esquerdo! Mas será que o desenvolvimento do processo de fabricar uma lâmina fina de metal não demandou intuição e imaginação? Claro que sim! Portanto, nesses 14 anos muito hemisfério direito foi usado também. Mas a Gillette não seria a companhia que é hoje se a fabricação da lâmina não pudesse ter sido sistematizada!

> **Pergunta**
>
> ⊙ Será que criatividade foi só ter a idéia, ou foi todo o processo?

Portanto, criatividade é um processo contínuo de expansão e adaptação: tem a idéia (gera) – vê como implementar (sistematiza) – resolve problemas de sistematização (gera) – implementa estas soluções (sistematiza) – e assim por diante.

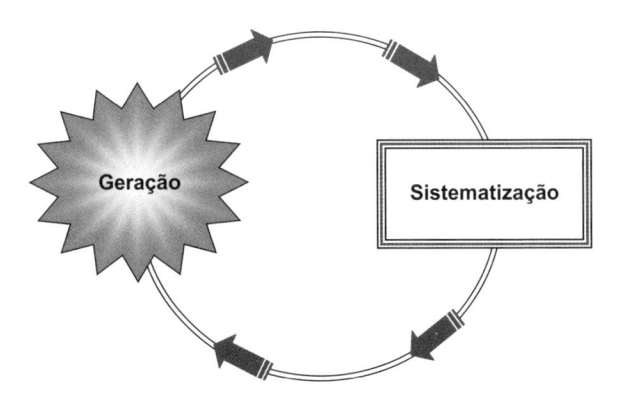

Figura 5: O ciclo de criação

Aconteceu comigo...

Na elaboração de Hércules – O Jogo das Competências®, o portal X trata do mito em que Hércules desceu aos infernos para matar Cérbero – o cão de duas cabeças – e libertar Prometeu.

Existem inúmeras interpretações para o mito, mas a que eu usei associava a descida aos infernos com a descida para dentro de si mesmo e o contato com seu lado sombrio; Cérbero seria o lado interesseiro e manipulador que todos temos; e Prometeu a autoconsciência.

Portanto, eu precisava de um jogo que tratasse destes assuntos. Me ocorreu que poderia utilizar a estrutura do Inferno de Dante para o jogo – um típico processo de geração.

Meu próximo passo foi reler A Divina Comédia, que eu tinha lido na adolescência, e fazer o "mapa do inferno", colocando os pecados constantes nos 9 círculos segundo o que foi definido por Dante – processo racional e lógico, de sistematização.

Quando o "mapa do inferno" ficou pronto, eu tive a idéia de fazer um jogo de tabuleiro com o formato de uma espiral descendente, e que em cada casa do tabuleiro estivesse uma polêmica que mostrasse o pecado correspondente em nossa linguagem atual – processo de geração.

A partir daí eu, Magda Vila e Marli Santander fomos atrás de "cases" que na nossa opinião tinham a ver com cada um dos pecados no dia-a-dia do trabalho – processo de sistematização.

Cada um desses "cases" fica em uma carta numerada. As cartas são colocadas com a face para baixo em forma de espiral. Os jogadores andam com um marcador e um dado, e o objetivo é chegar no centro da espiral. A cada local em que param a carta é desvirada, o "case" lido e o grupo tem de 3 a 5 minutos para entrar em consenso quanto à melhor atitude a tomar.

> Assim nasceu o portal X de Hércules – O Jogo das Competências®. No portal XII, que trata do processo de purificação de Hércules, fizemos o contrário: pegamos o Paraíso de Dante e fizemos o jogo da subida aos céus!

No Capítulo 5 você encontrará várias ferramentas para geração de idéias e no 6, ferramentas para sistematização.

4.2. O Nascimento de um Jogo

Para que um jogo possa realmente existir, várias fases acontecem dentro do processo criativo. Em cada uma destas fases acontece o processo de criação do item anterior, porque em cada uma estamos tendo novas idéias e adaptando estas idéias à realidade.

Estas fases também muitas vezes são difíceis de distinguir uma da outra, e enquanto o jogo nasce muitas vezes precisamos voltar a fases anteriores.

Elas são as seguintes:

Figura 6: Fases no Nascimento de um Jogo

Na Figura 6 as setas laterais indicam o "caminho normal" de criação do jogo, enquanto as setas centrais indicam que novas idéias ou processos de sistematização muitas vezes nos levam de volta a qualquer uma das fases anteriores.

4.2.1. Alinhamento

Esta é a fase em que temos a idéia do jogo que queremos criar.

O alinhamento pode decorrer de uma necessidade específica: "preciso criar um jogo para administração de conflitos, para aproximadamente 20 pessoas, com duração de uma hora".

Ou pode decorrer de outras coisas: "todas estas garrafas vazias de leite me inspiram a criar um jogo com elas" ou "crianças brincando de passa-anel me inspiraram a criar um passa-anel para treinamento".

> ☼ **Dica**
>
> Sente-se durante 15 minutos, anote resumidamente todas as idéias que você tiver e perceba quantos jogos podem sair!

4.2.2. Exploração

Consiste em "ir atrás" do conhecimento necessário para criar o jogo. Este conhecimento pode ser variadíssimo: desde a linguagem e o funcionamento de uma determinada área da organização até tipos de jogos, materiais, equipamentos de segurança, etc.

O importante é perceber que nesta fase você vai gerar e sistematizar inúmeras novas idéias!

Aconteceu comigo...
Encontro Internacional de RPG

Quando comecei a criar Aasgard – O Jogo Viking de Desenvolvimento de Potencial®, eu sabia que queria criar um jogo de RPG com tabuleiro.

Infelizmente só tinha jogado RPG de tabuleiro uma vez e mesmo assim com o filho de uma amiga minha, adolescente e ultracompetitivo, que ficava tentando passar a mãe para trás – não foi uma experiência muito agradável.

Estava neste impasse quando recebi um convite para participar do 1º Seminário de RPG na Educação, em maio de 2002, que seria realizado paralelamente ao 3º Encontro Internacional de RPG, em São Paulo.

Não tive dúvidas, me inscrevi e fui! Após quase um dia inteiro no Seminário de RPG na Educação, percebi que a maioria das pessoas ali tinha pouca ou nenhuma experiência com o jogo.

Saí da sala e resolvi ir ao Encontro de RPG. Incrível! Uns 2 mil adolescentes, a maioria fantasiada e mesas a perder de vista! (uma curiosidade: como muito mais meninos do que meninas jogam RPG, de vez em quando passava um garoto com uma placa: "Precisa-se Mulher!"...).

Joguei com os garotos durante um dia inteiro, e ao fim deste dia já sabia algumas coisas:

- ✓ Como seria o meu tabuleiro;
- ✓ Que o jogo seria baseado em RPG mas que não haveria composição de personagens;
- ✓ Como funcionariam os dados no meu jogo.

Além, é claro, de ter me divertido muuuito!!!!!

4.2.3. Concepção

Esta é a parte mais intensa do nascimento do jogo – pode ser a mais divertida ou a mais complicada. Aqui o processo de criação trabalha a mil por hora, gerando e sistematizando idéias a todo momento.

Aqui o importante é anotar tudo, para não perder nada, e principalmente não ter medo de voltar às etapas anteriores se você perceber que estava trilhando um caminho que não era o que você queria.

Com certeza é aqui que as ferramentas que constam nos Capítulos 5 e 6 serão mais úteis!

⚑ Você Sabia...

O Triste Destino das Inovações

Em entrevista à revista Business 2.0 em agosto de 2000, Peter Drucker citou que apenas 10 a 15% das inovações chegam a corresponder aos desejos de seus criadores.

Outros 15% a 30% não são desastrosas, porém duram apenas algum tempo e depois são esquecidas.

Porém 60% das inovações podem ter sucesso alguns anos depois, com pequenas mudanças!

Portanto, não se frustre na fase da concepção e guarde todas as suas idéias!

4.2.4. Avaliação

Consiste em conseguir "cobaias" e testar o jogo. Não recomendo que você use um jogo que acabou de criar sem testar antes, porque praticamente em todos os casos acontecem coisas inesperadas.

De preferência, convide um grupo heterogêneo para testar o jogo: pessoas de ambos os sexos, idades e funções diferentes. Com isto você pode ver o perfil que vai responder melhor ou pior ao jogo. E não se esqueça de convidar profissionais de T&D, que podem dar sugestões bastante interessantes.

Faça uma avaliação de reação por escrito, com espaço para sugestões! Em geral as pessoas adoram participar destes testes e poder dar palpites para melhorar o seu jogo!

4.2.5. Produção

Esta é a fase de fabricar o jogo propriamente dito. Consiste em comprar a matéria-prima e mandar fazer os componentes do jogo, tais como tabuleiros, cartas, vendas, etc.

Também é o momento de conseguir todo o material multimídia que é utilizado no jogo: músicas, filmes, apresentações em power-point, placares eletrônicos, etc.

E de extrema importância é produzir um manual do jogo – mesmo que o jogo seja extremamente simples. Mesmo que seja apenas uma página é importante você descrevê-lo, pois agora todos os detalhes estão na sua cabeça, mas daqui a um ano você não vai se lembrar mais.

Não se esqueça de que um dos elementos da arquitetura do jogo é a ludicidade – o jogo tem que ser lúdico, atraente e bonito! Use e abuse de materiais e cores bem diferentes!

Aconteceu comigo...

O Dado Gigante

Em Hércules – O Jogo das Competências® os treinandos podem escolher entre 12 portais que representam os 12 trabalhos de Hércules e são 12 jogos diferentes.

Funciona da seguinte maneira: o grupo escolhe qual portal deseja jogar e "submete o projeto" a um grande dado, como submeteria um projeto a uma determinada área da organização. Neste dado, em duas faces está escrito "Aprovado", significando caminho livre para o portal. As outras 4 faces contêm "Recusado" – projeto recusado, "Jogue de novo" – simbolizando insegurança do grupo ao escolher o portal, "+1" – simbolizando que o projeto foi aprovado com adendos (o grupo joga o portal seguinte ao que escolheu) – e "-1", simbolizando que o projeto foi aprovado com cortes (o grupo joga o portal anterior ao que escolheu).

Bom, eu e as minhas co-criadoras do jogo – Marli Santander e Magda Vila – queríamos um dado enorme que quicasse no chão, no estilo "Silvio Santos". Mandamos fazer um dado de espuma com 1 metro de altura, as faces "Aprovado" em verde, "+1" e "-1" em amarelo e "Recusado" e "Jogue de Novo" em vermelho.

Esperamos ansiosas a entrega do nosso dado gigante, que chegou na casa da Magda. À noite fomos para lá e imediatamente procuramos um lugar onde houvesse um espaço livre para testar o dado.

Entusiasmadíssimas jogamos o dado para cima e, para nosso horror, ele caiu pesadamente e com um sonoro "Pof" no chão! Precisamos desistir do nosso "dadão", pois certamente causaria graves ferimentos se atingisse um dos jogadores!

Mandamos fazer outro, desta vez com meio metro de altura e de uma espuma mais leve, e é o que usamos agora. É inofensivo, lúdico e quica perfeitamente bem!

Quanto ao "dadão", está aposentado no porão da Magda! É tão duro que, apesar de ser de espuma, uma pessoa pode se sentar nele sem acontecer a menor deformação!

Capítulo 5

Ferramentas de Geração de Idéias

As técnicas a seguir estão em ordem de utilidade para mim, da mais útil à menos utilizada.

De todas, a única que eu não encontrei em livros de criatividade é a mais importante para mim: meditação. Não é à toa que isto acontece! Eu mesma descobri por acaso a importância da meditação como ferramenta para gerar idéias. Adquiri o hábito de meditar e percebi que as minhas melhores idéias para jogos vinham quando meditava.

E é, especialmente com a meditação, que espero estar dando minha grande contribuição ao seu trabalho de criar e adaptar jogos, leitor!

Mas perceba que não existem receitas prontas de criatividade. Portanto, sinta-se à vontade para modificar e adaptar todas estas ferramentas para o seu próprio uso. E se encontrar algum outro método que funcione maravilhosamente para você me avise!

5.1. Meditação

> Nada pode me cegar
> Se eu não me cegar
> Nada pode me libertar
> Se eu não souber que sou livre
> Sabendo que nada existe para me cegar
> Eu sei que sou livre, livre para sempre
>
> *Paramahansa Yogananda – Liberdade*

Meditação não é apenas uma ferramenta para geração de idéias. Também é uma ferramenta de autoconhecimento, expansão da consciência e paz interior.

Quem faz meditação todos os dias em geral fica mais calmo, centrado e enfrenta melhor os desafios.

Existem várias explicações para isto. Uma delas é simplesmente conseguir ter, todos os dias, um tempo para você mesmo. Mas a explicação mais científica que encontrei foi dada por Danah Zohar em seu livro QS – Inteligência Espiritual.

5.1.1. A Explicação Científica

Segundo Zohar, existem duas formas de organização neural do cérebro.

Uma delas, que é a base do nosso QI, se constitui de tratos neurais conectados serial e logicamente. Isto permite que o cérebro pense racional e logicamente, sendo capaz de seguir regras e uma seqüência de passos, um após o outro.

A outra forma, que constitui a base do nosso QE, faz com que feixes de até 100 mil neurônios se conectem de forma acidental, em rede, a outros cachos maciços. Estas redes ativam a emoção, reconhecem padrões e formam hábitos.

Em 1990, o neurologista austríaco Wolf Singer estudou o "problema da aglutinação", mostrando que existia um processo neural no cérebro dedicado a unificar estes dois tipos de oscilações neurais, e que este processo servia principalmente para conferir sentido às nossas experiências, permitindo com isto que déssemos significado às mesmas e pudéssemos criar a partir disto.

Em 1997, o neurologista Vilayanu Ramachadran, da Universidade da Califórnia, detectou o que ficou chamado de "ponto divino" no cérebro humano. Este ponto se localiza entre os lobos temporais do cérebro e é o ponto onde começa a "aglutinação" das oscilações neurais.

Através de um exame de nome complicado – escaneamento com topografia de emissão de pósitrons – Ramachadran e sua equipe perceberam que esta área do cérebro se iluminava mais quando os pacientes da pesquisa participavam de discussões sobre assuntos religiosos ou espirituais, oravam ou **meditavam**.

5.1.2. O Processo da Meditação

Existe um "glamour" em torno da meditação que acaba complicando um pouco uma coisa que é simples. Meditação consiste em reconhecer e entrar em contato com a sua sabedoria interior.

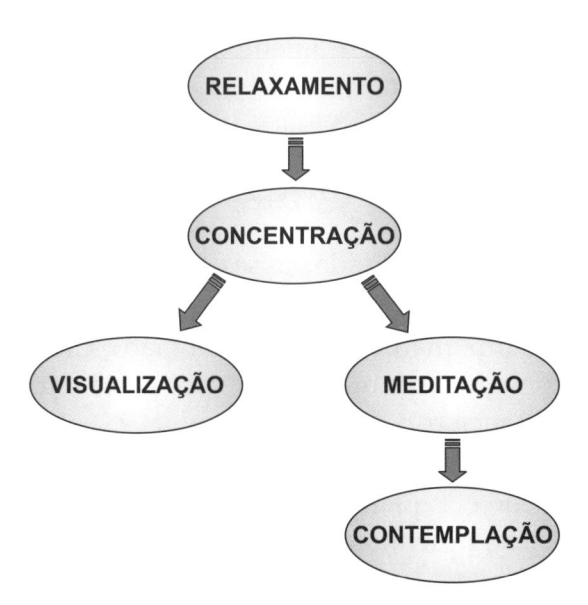

Figura 7: O processo de Meditação

Existem muitas maneiras de fazer isto, mas o importante é perceber que todas elas passam por algumas etapas e que meditação é o nome genérico de um processo no qual a meditação propriamente dita é apenas uma parte:

A primeira parte do processo é o **relaxamento**: relaxar o corpo, as emoções e a mente. Este relaxamento pode ser de várias maneiras, não precisa ser obrigatoriamente naquela posição de lótus dos iogues. Você já reparou a quantidade de insights que temos quando estamos tomando banho? Isto se deve a estarmos relaxados.

A segunda parte é a **concentração**. Neste ponto, precisamos concentrar nossos pensamentos. Existem várias maneiras de fazer isto. Os zen-budistas o fazem de olhos abertos, se concentrando em um ponto da parede. Os iogues tentam não pensar em nada. Os dançarinos (sim, dá pra meditar dançando!) se concentram na dança. Uma boa maneira de se concentrar é utilizar um "pensamento-semente". Algo como visualizar o planeta Terra, ouvir as palavras "eu sou paz", etc. Quando eu estou meditando para criar um jogo, meu pensamento-semente sempre tem a ver com o que eu quero criar.

> ☼ **Dica**
>
> Se você tem dificuldade em se concentrar, aqui vai uma dica:
>
> Imagine um quadro-negro e uma mão escrevendo bem devagar, com giz, uma oração que você gosta (eu uso a oração de São Francisco).
>
> Tente não ler nem falar mentalmente as palavras. Lembre-se de como era quando você estava aprendendo a ler, e concentre-se no desenho que a mão faz no quadro-negro.
>
> Lembre-se, o mais devagar que você puder!

Concentração é a grande dificuldade da média das pessoas; o normal é que, quando tentamos nos concentrar, passemos imediatamente a pensar em nossa lista de supermercado, na manutenção do carro e naquela bota maravilhosa da vitrine do shopping!

A dica aqui é respeitar o seu tempo e não se estressar – se você insistir vai acabar conseguindo se concentrar. Lembre-se de que concentração exige uma postura mental ativa, não passiva. Mas postura ativa não precisa ser pressionadora.

A seguir é que as coisas realmente começam a acontecer: sua mente vai escolher entre dois caminhos!

O primeiro é o da **meditação** propriamente dita, onde você vai ter grandes insights, muitas vezes tão grandes que fica difícil transformar em palavras. Atingir este estado não é simples; se você fizer meditação todos os dias é provável que a cada 10 anos você consiga isto uma vez!

O estado de meditação está profundamente ligado ao nosso processo de autoconhecimento e evolução como seres humanos. Uma vez que o tenhamos dominado, podemos passar para a fase seguinte, que é a da **contemplação**, onde dizem que a expansão de consciência é tão grande que nos tornamos conscientes de cada folha que cai de cada árvore do planeta!

Você agora pode estar preocupado, achando que eu enlouqueci de vez, que isto é muito difícil e que existem outras maneiras mais fáceis de criar jogos!

Você tem toda a razão! A maneira mais fácil existe e é o segundo caminho que a nossa mente toma após a concentração: a **visualização**.

Neste processo, idéias passam a "chegar" na sua cabeça, em forma de imagens, sons (até vozes), sensações ou apenas idéias mesmo. O importante é você se manter atento e sem censurar, para que possa se lembrar o máximo possível.

Perceba que o processo todo de meditação exige alguma prática, não espere sair com jogos prontos toda vez que meditar! Dê uma chance a você mesmo e pratique por um bom tempo antes de esperar resultados.

5.1.3. Um Roteiro para Meditar

Esta parte contém um roteiro para meditar. Minha sugestão é que, enquanto você não adquire uma prática maior, grave isto em uma fita e siga os passos.

Caso você não queira se desenvolver sozinho, existem inúmeras escolas que ensinam técnicas de meditação, desde as mais tradicionais como a ioga até as mais modernas como meditação transcendental. É importante você perceber que todos estes métodos variam um pouco, e que exatamente como ninguém respira, dorme ou come igual a ninguém, na meditação também cada pessoa precisa encontrar o seu próprio caminho.

Este é um método para quem quer iniciar. A primeira coisa é achar um ambiente confortável e seguro, onde você possa ficar sozinho. Sente-se confortavelmente, da maneira que gostar mais.

Se você gosta de sentar no chão, sente de pernas cruzadas, com a coluna ereta e as palmas das mãos apoiadas nos joelhos e viradas para cima. Apóie as costas, se precisar.

Se você prefere cadeiras, escolha uma nem muito mole nem muito dura, sente-se com a coluna ereta e as pernas descruzadas, com os dois pés bem apoiados no chão e as mãos com as palmas para baixo, apoiadas nas coxas.

Você pode deixar o local em penumbra, acender uma vela ou um incenso se gostar.

Comece fechando os olhos e respirando profundamente 3 vezes, inspirando pelo nariz e expirando pela boca.

Agora, simplesmente perceba o ritmo normal da sua respiração.

Faça isto por uns 30 segundos.

Perceba agora que você consegue ouvir também as batidas do seu coração.

Faça isto por aproximadamente um minuto.

Conforme você se torna mais consciente das batidas do seu coração, imagine que ele está esquentando e que um calor gostoso começa a aparecer no seu peito.

Faça isto por aproximadamente um minuto.

Agora seu peito está quente e confortável e este calor começa a se espalhar por todo o seu corpo.

Desce pela sua barriga, pernas, até os dedos dos pés. Desce pelos braços, mãos, até as pontas dos dedos. Sobe pelos ombros, pescoço e vai para a cabeça.

Imagine todo o seu corpo quente, confortável e relaxado.

Imagine suas emoções se acalmando, à medida que seu corpo relaxa.

Imagine sua mente ficando mais tranqüila, à medida que suas emoções se acalmam.

Faça isto durante aproximadamente um minuto.

Agora que você está bem, imagine-se andando em um gramado muito verde. Veja as folhas da grama, o céu muito azul e o sol batendo nas suas costas, esquentando de maneira muito agradável. Sinta a brisa que refresca o sol, sinta o cheiro de mato e ouça os passarinhos.

Você começa a andar neste campo até chegar ao seu lugar especial. Seu lugar especial pode ser uma praia, uma montanha, uma clareira, uma caverna ou mesmo uma simples casa. O importante é que este lugar seja seu, que você goste muito dele e se sinta seguro e confortável.

Examine o seu lugar, imagine cada detalhe.

Faça isto por um minuto.

Este é o seu lugar especial, um lugar que sempre vai estar à sua disposição. E você vem aqui para encontrar alguém muito especial: seu "Eu" mais sábio.

Agora visualize esta sua parte sábia! Pode ter uma forma humana ou pode ser totalmente abstrata, como uma luz. Perceba todo o amor que existe neste "Eu" sábio. Sinta e receba todo este amor.

Faça isto por um minuto.

Agora, peça orientação. Ouça tudo o que ele tem para falar, tudo o que ele tem para mostrar.

Faça isto por uns dois minutos.

Agora, você está pronto para ir embora. Agradeça ao seu "Eu", deixe o seu lugar especial e volte para o gramado. Dê uma última respiração sentindo a pureza deste ar.

E volte mentalmente para esta sala. Respire profundamente, inspirando pelo nariz e expirando pela boca. Devagar comece a mexer as mãos e os pés. No seu tempo, abra os olhos.

Espreguice e, se tiver vontade, boceje.

Faça as anotações que desejar.

Aconteceu comigo...

O Portal VI de Hércules

Um dos portais de Hércules – O Jogo das Competências® se refere ao mito da tomada do cinturão de Hipólita. Hércules recebe como incumbência pegar o cinturão, não percebe que Hipólita está desde o início disposta a entregá-lo e acaba matando a rainha das amazonas.

Na nossa interpretação deste mito, queríamos com ele trabalhar a questão de não se ter limites para fazer as coisas, passando por cima de todo mundo como um trator.

Não tínhamos a mínima idéia de que jogo criar, mas eu e as minhas co-autoras de Hércules (ou, como algumas pessoas nos chamam, as mulheres de Hércules!) temos o hábito de fazer uma meditação em conjunto antes de sentar para trabalhar.

Um dia resolvemos meditar tendo o portal VI como foco. No fim da meditação, Magda tinha visto um caminho muito longo, cheio de curvas. Marli tinha visto o que ela descreveu como "uma flor feita de um círculo bem redondinho com 6 outros círculos em volta". E eu tinha apenas ouvido uma voz: "abra o livro 'Os Mistérios da Catedral de Chartres'".

Este era um livro que eu tinha recebido naquela semana, mas ainda nem tinha tido tempo para abrir. Estava dentro de um plástico lacrado.

Bom, após uma meditação com coisas tão diferentes aparecendo para as três, não entendemos nada. Mas resolvemos abrir o livro, para ver o que aconteceria. E o abrimos em uma página onde estava a seguinte figura:

> Este é o principal labirinto da catedral de Chartres: um caminho cheio de curvas, com uma "florzinha" no meio!
>
> A partir daí, criamos o jogo do Portal VI, que consiste em seguir o labirinto e depois discutir o caminho que cada um tomou e a validade de todos estes caminhos!

5.2. Mitologia

Joseph Campbell dizia que o mito nos coloca em contato com o mais essencial dentro de nós, com o que ele chamava de "literatura do espírito". Dizia que o mito faz com que nos sintamos vivos, que sintamos o enlevo e a maravilha da vida.

Quando nos referimos ao mito estamos nos referindo ao inconsciente coletivo da humanidade.

O jogo que utiliza uma base mitológica sempre penetra mais profundamente no coração dos treinandos e faz com que a consolidação tenha maior profundidade.

Eu não uso especificamente uma técnica baseada na mitologia – embora estas técnicas existam. O que eu faço é gerar idéias para jogos a partir de mitos.

O primeiro jogo eletrônico que criei, ainda na faculdade, com meu colega Paulo Egídio Coelho da Silva, era uma aventura com vários mitos misturados – O Senhor dos Anéis, Os Mistérios da Grande Pirâmide e 007.

O importante aqui é estar sempre lendo e assistindo a filmes com temas mitológicos – as idéias virão.

> **Aconteceu comigo...**
>
> **Os Mitos de Aasgard**
>
> Em Aasgard – O Jogo Viking de Desenvolvimento de Potencial® existem inúmeras referências mitológicas, come-

FERRAMENTAS DE GERAÇÃO DE IDÉIAS

çando pelo próprio nome do jogo – que na mitologia escandinava era o céu para onde iam os guerreiros.

Outra referência é uma parte do tabuleiro denominada "Conselhos dos Deuses", que é uma grande árvore baseada em Yggdrasil, a árvore da vida da mitologia nórdica.

Em Aasgard®, cada local do tabuleiro apresenta 7 desafios diferentes. Para criar estes desafios utilizei como base as runas – parte constante da espiritualidade e da mitologia escandinavas.

O que fiz foi pegar cada uma das 7 primeiras runas, estudar o seu significado e depois meditar sobre como colocar estes significados para os diferentes tipos de desafios de que eu precisava.

Por exemplo, no módulo de Relacionamento Interpessoal, trabalhamos 5 competências: relacionamento interpessoal, comunicação, negociação, foco no cliente e visão global – ação local.

Fehu, a Runa 1, está ligada ao bom e ao mau uso do poder. Sabendo isto, meditei sobre jogos que ligassem relacionamento interpessoal e poder, comunicação e poder, etc.

Uruz, a Runa 2, está ligada à sabedoria. Portanto, novas meditações e o foco em relacionamento interpessoal e sabedoria, comunicação e sabedoria, etc.

Aconteceu comigo...
Os Mitos de Tai-Pan 22

Em Tai-Pan 22® os jogadores andam por uma galáxia onde constam inúmeros planetas, satélites e estações espaciais, todos com nomes de deuses da mitologia chinesa.

> Quando chegam a um destes planetas, precisam vender suas mercadorias. Cada planeta tem habitantes com características diferentes e como um todo os clientes formam o conjunto dos comportamentos mais usuais do consumidor – desde o simpático que compra tudo até o pão-duro que não compra nada e ainda tenta te passar a perna.
>
> Claro, para criar todos estes extraterrestres eu poderia ter gasto muito tempo pensando nos perfis de consumidores, etc... Só que não fiz nada disso. Simplesmente peguei o panteão chinês e imaginei como cada um destes deuses se comportaria como cliente, criando as características que eu precisava.
>
> A mitologia é arquetípica, simplesmente fui diretamente ao inconsciente coletivo e peguei os tipos que precisava. Funcionaria igualmente bem com qualquer panteão de povo que goste de fazer comércio.

5.3. Observação

Este é um método bem simples, e pode ser feito de três maneiras:

1. Observar pessoas (de preferência crianças) jogando. Perceber o tipo de aprendizado envolvido e como trazer o jogo para o ambiente de treinamento.

2. Observar pessoas agindo e imaginar que "jogo" seria este – ideal para fazer alguma coisa útil com filas, festas chatas e reuniões que não vão chegar a nada. Outra maneira interessante de fazer isto é ir a lugares bem movimentados – shoppings e parques nos fins de semana, por exemplo.

3. Jogar – Jogue sempre que você tiver oportunidade. Videogames, jogos de tabuleiro, buraco com a vovó, tudo o que puder. Quanto mais tipos diferentes de jogos você conhe-

cer, mais idéias terá. Eu participo de uma lista na Internet (board-games-abc@yahoogrupos.com.br) em que o pessoal sempre marca jogatinas, especialmente na casa da Vivi e do Roberto "Magoo" Montemor em Santo André – SP. Normalmente cada pessoa leva um ou mais jogos, a gente passa a noite toda jogando e racha uma pizza...

Aconteceu comigo...

A Criação do Jogo dos Espelhos

Eu estava visitando uma amiga em uma tarde de domingo quando seu filho Vinicius, que na época devia ter uns 6 ou 7 anos, desceu as escadas rindo e segurando um espelho de mão embaixo do nariz, paralelo ao chão e com a parte do espelho virada para cima.

A primeira reação da minha amiga foi de susto, chamou a atenção do menino para o perigo de cair, se cortar, etc. Vinicius, que é bem teimoso até hoje, largou o espelho e esperou que nos distraíssemos para pegar novamente e fazer a mesma coisa!

Levou uma nova bronca da mãe e despertou a minha curiosidade: o que tinha de interessante em subir e descer escadas segurando um espelho embaixo do nariz?

Resolvi experimentar, para ver o que o Vini estava achando tão legal. Fiquei pasma! Ao segurar o espelho desta maneira, passamos a ver o teto no chão. Quando subimos escadas, vemos o teto da escada descendo e quando descemos a escada vemos o teto subindo! A sensação é incrível!

Foi assim que nasceu o jogo dos espelhos!

☺ Jogo

O Jogo dos Espelhos

Recursos: um espelho por pessoa.
Tempo: 15 min.

Pedir aos participantes que andem pelo espaço, observando tudo com atenção e voltem rapidamente à sala. Se puderem sair da sala, melhor. Se puderem subir e descer escadas, melhor ainda. Se puderem sair ao ar livre, excelente!

Distribuir um espelho para cada um e orientá-los a fazer exatamente o mesmo caminho, só que agora segurando o espelho na horizontal, embaixo do nariz, e com a face para cima.

Oriente-os a não olhar fora do espelho e a respirar pela boca, se não o espelho embaça.

Lembre-se de cuidar da segurança dos participantes neste jogo!

Quando voltarem, consolidar perguntando quem ficou com medo, quem se sentiu tonto, etc. É normal nessas atividades as pessoas terem tontura, enjôo e dor de cabeça, mas isto passa assim que retiram os espelhos.

A consolidação pode ir por dois caminhos:

1. Perceber que o nosso cérebro não distingue o real do imaginário – afinal por que ficamos com medo/tontos se tínhamos acabado de fazer o mesmo caminho e sabíamos não ter perigo?
2. Perceber que muitas vezes achamos que vimos todas as possibilidades de uma situação mas não vimos.

Fonte: Paula Falcão

Aconteceu comigo...
A Criação do Folhas

Fui convidada para uma jogatina na casa do Alex, que eu só conhecia via Internet, em Ribeirão Pires. Quem é de São Paulo sabe que Ribeirão Pires não é exatamente o lugar mais seguro do mundo, mas eu resolvi ir assim mesmo. Cheguei, a casa dele é dentro de um condomínio, entrei, parei o carro na frente da casa e fiquei pensando se descia ou não. Quem me vê dando cursos nem imagina, mas na verdade eu sou supertímida! Mas dois minutos depois a Vivi e o Magoo pararam o carro também, eu aproveitei e desci com eles.

Chegando à casa, descobri que o Alex é um superartesão. Como não tem dinheiro para comprar os jogos importados, pesquisa as regras na Internet e fabrica os jogos ele mesmo! Nesta noite, jogamos o "Puerto Pobre", a versão feita em casa pelo Alex do "Puerto Rico", um jogo alemão premiado internacionalmente.

Adorei o jogo logo no início e o que me chamou mais atenção é que no Puerto Rico (ou Pobre), cada jogador joga em seu próprio tabuleiro individual.

Na semana seguinte a Fernanda Prando Godoy me chamou para irmos a uma reunião em Mogi Guaçu, na International Paper, que estava querendo um jogo para integração de novos colaboradores.

Eles queriam um jogo que mostrasse desde aspectos técnicos da fabricação do papel até o código de ética da empresa, passando por segurança, qualidade, políticas comerciais, responsabilidade social, etc...

O resultado disto foi o Folhas, um jogo misto onde todo o processo de fabricação, qualidade, segurança e responsabilidade ambiental são jogados em tabuleiros individuais que simulam uma linha de produção. A partir do momento em que os jogadores vão fabricando os produtos colocam os mesmos em um caminhão e quando este está cheio passam a jogar em um tabuleiro coletivo no centro da mesa, que simula o mercado da International Paper. No tabuleiro coletivo trabalhamos ética, política comercial, valores e responsabilidade social.

Sem a inspiração do Puerto Rico, este jogo jamais sairia deste jeito!!!

☼ Dica

Se você mora em São Paulo e não tiver onde jogar, vá à Ludus Luderia – www.luderia.com.br. Além de uma ludoteca com cerca de 900 jogos, eles ensinam a jogar!!!

5.4. Outras Ferramentas

Este item agrega três ferramentas que considero bastante interessantes e que têm a ver com estimular o cérebro para a criação de jogos.

5.4.1. Benchmarking

Quando fazemos benchmarking, em qualquer área que seja, estamos nos comparando aos melhores do mercado.

Fazer benchmarking para criar jogos significa acompanhar o trabalho dos melhores. Você pode fazer isto freqüentando cursos abertos, congressos e grupos de RH.

A partir de jogos criados por outras pessoas você pode ter idéias para os seus próprios jogos.

5.4.2. Lojas de Brinquedos e Artigos Relacionados

Não é exatamente um benchmarking porque o negócio de T&D é o de educação de adultos, e portanto requer adaptações.

Mas sempre é bom saber os jogos novos que as crianças estão jogando, pois podem dar excelentes idéias.

Também é interessante visitar lojas de utilidades, de descontos, armarinhos e todo tipo de itens baratos.

Em São Paulo, a Rua 25 de Março é uma excelente ferramenta de geração de idéias!

> **Aconteceu comigo...**
>
> **Conectando Tudo...**
>
> Eu e Magda em uma loja de armarinhos, na 25 de março, olhando tudo! O vendedor chega e pergunta o que desejamos. Resposta da Magda:
>
> – Conectores de Relacionamento Interpessoal...
>
> Acabamos comprando fio elástico e "jacarés" para conectar as pessoas!

5.4.3. "Sonhar"

Em seu escritório, Walt Disney tinha uma sala que chamava de "sala do sonhador". Esta sala era a mais lúdica possível, com muitas cores, objetos interessantes e obras de arte do mundo inteiro.

Ficar nesta sala e sonhar com o que queria fazer era a primeira parte da Estratégia Disney de Criatividade. Foi ali que Disney criou a Disneylândia e muitos personagens.

Não uso totalmente a Estratégia Disney, mas tenho em casa um quarto só com jogos e material de treinamento. Muitas vezes é lá que tenho as melhores idéias...

> ☼ **Dica**
>
> Procure saber mais sobre a Estratégia Disney de Criatividade no livro O Estilo Disney, de Bill Capodagli e Lynn Jackson.

5.5. Brainstorm

Esta é uma ferramenta bastante conhecida e muito eficaz de geração de idéias em grupo. Por ter ampla literatura a respeito, não irei me deter muito.

O brainstorm parte de 3 regras básicas:

1. É proibido recusar ou censurar idéias.
2. Devem-se registrar rapidamente as idéias, evitando-se racionalizar e pensar a respeito.
3. Podemos e devemos "pegar carona" na idéia do outro para gerar uma nova idéia.

Capítulo 6

Ferramentas de Sistematização de Idéias

Apesar de estarem neste capítulo, todas as ferramentas que eu apresento a seguir também acabam gerando novas idéias. Estão neste capítulo porque para usá-las você precisa já ter pelo menos alguma idéia formada.

Quero lembrar o que disse no Capítulo 4 sobre o ciclo de criação: ele é contínuo. Gerar idéias nos leva a sistematizá-las, que nos faz ter mais idéias, etc.

Como no capítulo anterior, as que eu apresentar primeiro são as que mais uso.

6.1. Mind Map

Esta é a técnica mais poderosa de sistematização de idéias que eu conheço. Desde que a conheci tenho usado direto. Este livro, por exemplo, foi estruturado com auxílio de um mind map.

O mind map se baseia em princípios básicos de funcionamento do nosso cérebro: radiância, associação e multissensorialidade.

6.1.1. Radiância

Nosso pensamento tem a tendência de irradiar a partir de uma idéia central, ou seja, a partir de uma idéia desenvolvemos várias outras.

No mind map contemplamos isto colocando o tema no centro, e em seguida várias ramificações que podem se desdobrar infinitamente.

6.1.2. Associação

Temos a tendência a associar idéias. Colocando uma ao lado da outra, fica mais fácil perceber as conexões.

No mind map podemos colocar setas ligando ramificações diferentes.

6.1.3. Multissensorialidade

Tudo o que estimular os nossos cinco sentidos também estimula o nosso pensamento.

No mind map usamos o maior número possível de cores e figuras, justamente para isto.

Quanto mais cores e símbolos gráficos usarmos, mais eficiência terá o processo (Figura 8).

O mind map consegue fazer com que nossas idéias se expandam à medida que se organizam. Procure utilizar poucas palavras e muitos símbolos! E perceba quando parar, porque se não as idéias vão se expandindo eternamente!

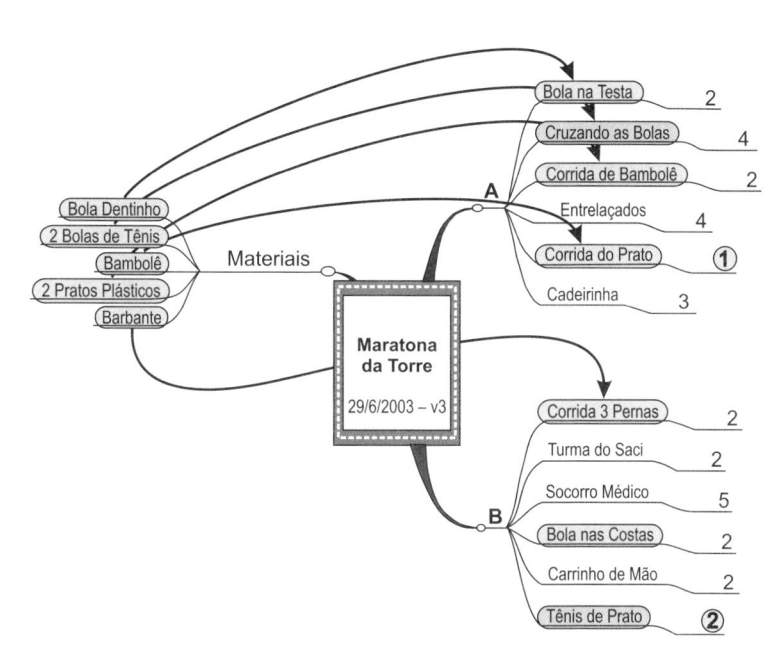

Figura 8: O Mind Map

> ☼ **Dica**
>
> Em www.mindjet.com você pode baixar o "Mind Manager", um excelente programa para mind maps que depois exporta as suas idéias para o Word ou PowerPoint!

6.2. Story Boarding

Story boarding é uma técnica derivada dos roteiros de desenhos animados e peças teatrais.

Consiste em ordenar as idéias, colocando-as em folhas que serão apresentadas em uma certa ordem.

Fazemos isto naturalmente quando preparamos uma apresentação em PowerPoint, por exemplo.

Mas quando você prepara uma apresentação no computador, quantas vezes não muda slides de lugar e coloca naquele modo de ver várias telas pequenas?

Portanto, quando estamos no processo de criação, a melhor maneira de fazer story boards não é no computador – pelo menos eu não conheço nenhum programa que contemple esta necessidade de ver o todo e as partes ao mesmo tempo.

A melhor maneira de fazer um story board é em uma parede, com fita crepe, folhas de sulfite, post-its e várias canetas de flip-chart com cores diferentes.

Comece colocando as idéias principais em folhas de sulfite e colando na parede, na seqüência que você quiser (que nem sempre é linear).

As idéias secundárias vão nos post-its, que são facilmente descolados de uma folha e colados em outra.

Use um código de cores, para distinguir idéias, materiais e ações similares.

Depois de visualizar na parede e discutir com a sua equipe, aí sim está na hora de passar para o computador (Figura 9).

A GESTÃO DO PROCESSO DE CRIAÇÃO DE UM JOGO 91

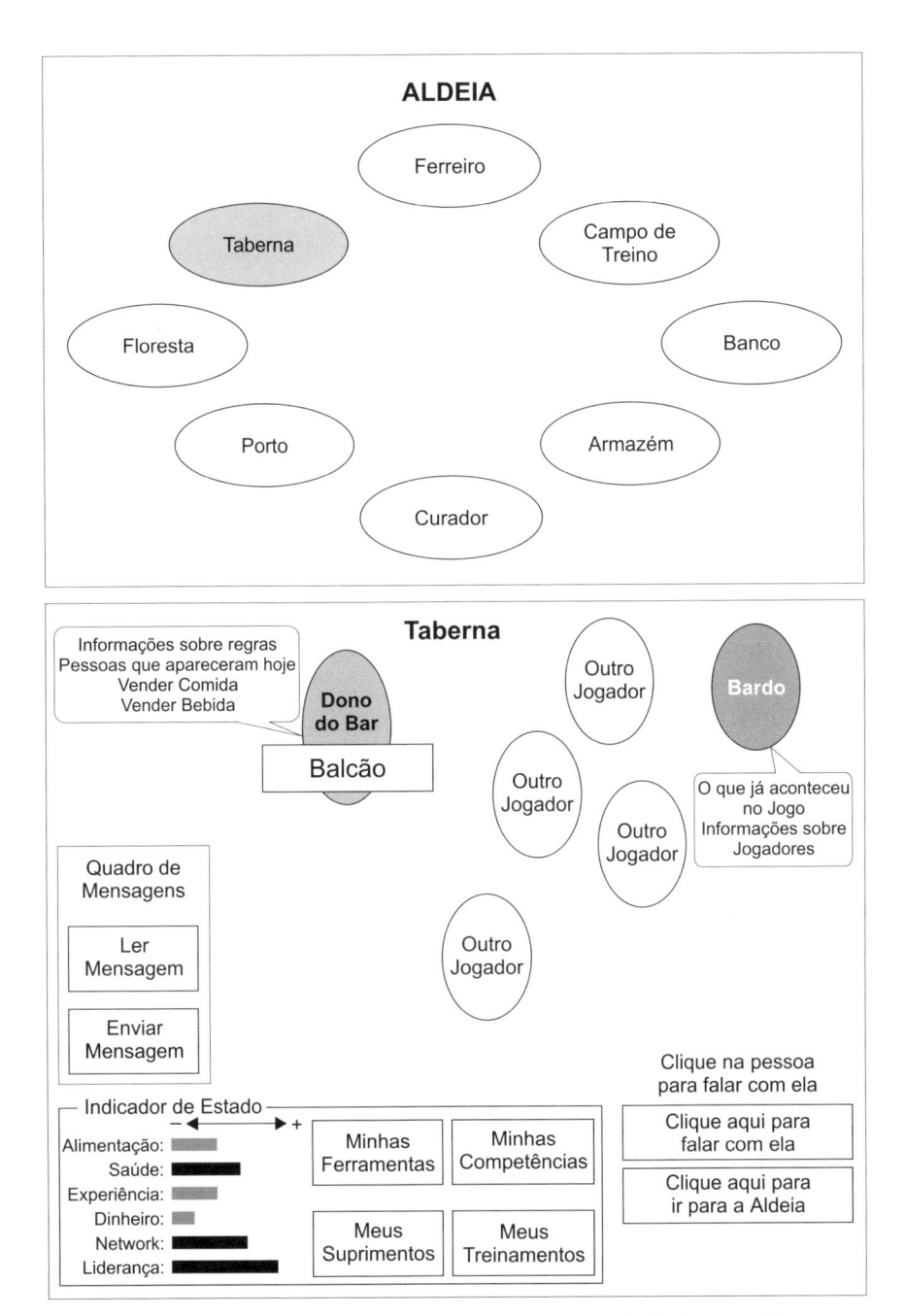

Figura 9: Uma parte do primeiro Story Board do Aasgard®

> ### Aconteceu comigo...
> ## A Importância do Story Board
>
> Em 1982 eu fazia faculdade de computação no ITA e jogávamos no computador um jogo de aventura chamado Gollum, baseado em "O Senhor dos Anéis".
>
> O jogo era enorme, todo por escrito (ainda era a época dos Ataris, videogames não estavam muito desenvolvidos), e funcionava da seguinte maneira: você entrava em um ambiente, o computador descrevia onde você estava e apresentava uma aventura. Se você passasse pela aventura sem morrer, podia escolher ir para o norte, sul, leste, oeste, para cima ou para baixo. Onde você ia era um outro ambiente diferente...
>
> Claro, era um labirinto! Depois de algum tempo jogando você não sabia mais de onde tinha vindo e para onde estava indo! Eu e meus colegas começamos a fazer um story board, para conseguirmos nos orientar. Não sabíamos que a melhor maneira de fazer um story board era na parede; então tínhamos pilhas e pilhas de papel, com cada lugar e como vencer a aventura do local.
>
> Então eu e meu amigo Paulo resolvemos construir um jogo com esta mesma dinâmica: o tema era 007 em uma ilha deserta com deuses egípcios e figuras da mitologia celta, anéis de poder e tudo o mais que a nossa imaginação inventasse.
>
> Adotamos a seguinte estratégia: um de nós programava um ambiente e uma aventura, entrava no jogo e colocava este ambiente onde houvesse uma direção livre, após um ambiente do outro.
>
> Durante alguns meses nos divertimos fazendo isto, e o jogo foi crescendo, crescendo, ficando gigante! Nunca nos preocupamos em fazer um story board. Um dia deu um erro no jogo e, como era totalmente desordenado, não conseguimos nos encontrar nem encontrar o erro.
>
> Foi o fim da minha carreira como programadora de jogos...

6.3. Manuseio de Material

Manusear o material do jogo pode ajudar a sistematizar as regras, perceber as facilidades e dificuldades que os participantes podem ter e inclusive gerar idéias novas.

Minha sugestão é você "brincar" um pouco com o material, mantendo a mente aberta para quaisquer mudanças que vierem a ela, inclusive mudar o material que você está usando.

> **Aconteceu comigo...**
>
> **Laçando Éguas Antropófagas**
>
> O Portal I de Hércules – O Jogo das Competências® trata do mito da captura das éguas antropófagas. Basicamente, Hércules acha que foi muito fácil capturar as éguas; então delega a tarefa de entregá-las a seu amigo Abdéris que é fraco e não consegue conter as éguas, que o matam e fogem. Hércules então tem que recapturá-las.
>
> Eu queria inventar um jogo que a princípio parecesse muito fácil para os jogadores, mas que tivesse um grau grande de dificuldade, justamente para trabalhar esta questão de subestimar dificuldade, tempo, recursos, etc.
>
> Olhando o material que estava na sala, achei várias bolinhas e decidi que as éguas seriam bolinhas. Elas precisavam ser levadas para algum lugar, e então coloquei um bambolê no chão e comecei a tentar colocar todas as bolinhas dentro dele. Primeiro chutando as bolinhas, depois jogando de longe. Mas não fiquei satisfeita, porque ficava sem muita ligação direta com éguas.
>
> Lembrei que cavalos e bois muitas vezes são laçados, peguei um rolo de corda fininha, fabriquei um laço e comecei a

> tentar laçar as bolinhas. Estava fazendo isto quando chegou a Marli, e começamos a brincar juntas.
>
> De repente, tivemos uma idéia genial: por que não colocar o bambolê nas bolinhas em vez de as bolinhas no bambolê?
>
> Testamos e deu certinho! Assim nasceu o jogo do portal I, onde o bambolê simboliza o laço e as bolinhas, as éguas!

6.4. Descrição

Já disse antes que é imprescindível você anotar e descrever todos os jogos que criar, para não esquecer.

Geralmente eu uso as três ferramentas de sistematização que apresentei anteriormente, mas às vezes quando o jogo é muito simples tenho a idéia e descrevo direto.

Já descrevi vários jogos neste livro, portanto você já tem o exemplo. É o método que gera menos idéias para melhorar o jogo, mas é o mais rápido.

6.5. O Ciclo IDEA

A Toyota é sabidamente uma das corporações mais inovadoras do mundo. Seu modelo de gestão é copiado por centenas de empresas. Para que isto aconteça, a Toyota se apóia em várias ferramentas e uma das que eu mais gosto é a Metodologia IDEA.

IDEA é a abreviatura das 4 fases deste ciclo: **I**nvestigação, **D**esign, **E**xecução e **A**juste. Matthew May diz que o ciclo IDEA é o que está por trás da inovação prática e intuitiva da Toyota. Andei testando na criação de jogos e funciona muito bem!

O interessante deste ciclo é que ele pode ser aplicado a qualquer situação que você possa pensar, tanto à criação do jogo como um todo quanto a cada uma das suas partes.

FERRAMENTAS DE SISTEMATIZAÇÃO DE IDÉIAS 95

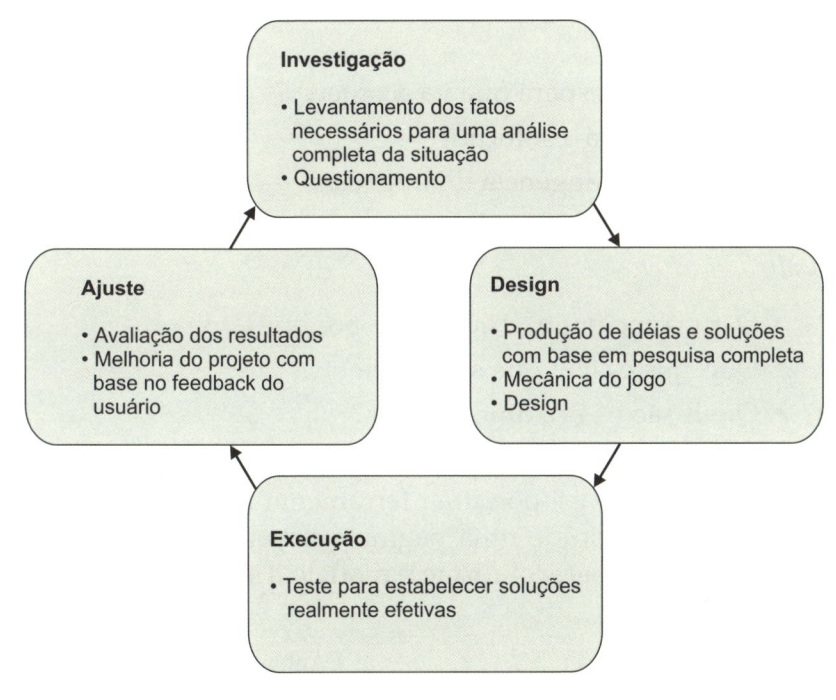

Investigação
- Levantamento dos fatos necessários para uma análise completa da situação
- Questionamento

Ajuste
- Avaliação dos resultados
- Melhoria do projeto com base no feedback do usuário

Design
- Produção de idéias e soluções com base em pesquisa completa
- Mecânica do jogo
- Design

Execução
- Teste para estabelecer soluções realmente efetivas

Figura 10: O Ciclo IDEA

Cada fase funciona bem se fizermos algumas perguntas essenciais:

Investigação

- O que você está tentando fazer e por quê?
- Quais são os fatos e as questões?
- Quais são os problemas e as causas?

Design

- Como seria a solução perfeita?
- Que idéias existem para alcançá-la?
- Qual é a melhor solução?

Execução

- O que você espera que vá acontecer?
- Como testará a solução?
- Qual é a abrangência do impacto?

Ajuste

- O que funcionou, o que não e por quê?
- Que ajustes têm que ser feitos?
- Quais são os próximos passos?

Matthew May propõe uma ferramenta chamada "Resumo IDEA", um relatório de uma página que contém a essência da idéia e nos faz pensar, conforme o modelo a seguir:

Propósito	Autor:
O que você está tentando fazer e por quê.	Data:
INVESTIGAÇÃO	
Estado Atual: Fatos, questões, informações, sintomas, observações e dados – o objetivo é descrever, definir e entender a profundidade e a amplitude da situação real, com o uso de gráficos e apresentação visual, se possível.	
Problema: Declaração sucinta que descreve devidamente o problema, a lacuna, o desafio ou a oportunidade, em sua visão, com base na realidade atual.	
Causa: Diagnóstico do problema, desafio ou oportunidade. Por que ele existe?	
DESIGN	
Estado Futuro: Projeção do ideal no que se refere ao tema e ao resultado da investigação – como é a perfeição?	
Melhor Solução: A lista de idéias, soluções, opções e contramedidas para chegar ao estado futuro; descrição fiel da melhor solução.	

(continua)

Continuação

EXECUÇÃO
Metas Básicas:
Indicadores específicos de sucesso: metas, objetivos, medidas – resultados esperados.
Implementação:
Visão geral dos passos básicos em um plano-piloto simples.
Impacto Esperado:
Efeito no sistema e na estrutura; benefícios mensuráveis aos clientes.
AJUSTE
Reflexão:
Feedback sobre o que funcionou, e o que não funcionou – e por que sim ou por que não; implicações e recomendações para o futuro; novas percepções adquiridas, novas questões a considerar e resolver.

Usei esta ferramenta para resolver um problema que tive na criação do jogo Collecta, que ficou assim:

Propósito	Autora: Paula
Diminuir o custo do jogo Collecta para que caiba no orçamento do cliente.	Data: 26/12/2007
INVESTIGAÇÃO	
Estado Atual:	
Atualmente cada caixa do jogo Collecta sai por R$1.300,00. Cada caixa contém um tabuleiro, uma caixa de marcadores, um baralho, 4 cartões de controle, 3 calculadoras, um cronômetro, um manual e um CD de orientação ao focalizador.	
Problema:	
O cliente necessita de 28 tabuleiros em uma situação ideal, mas não tem orçamento para tudo isto.	
Causa:	
Cada componente do jogo em si é barato, mas a soma nem tanto... O custo de montagem acontece por caixa.	

(continua)

Continuação

DESIGN
Estado Futuro: Custo bem mais baixo, de no máximo R$500,00 por jogo. **Melhor Solução:** Colocar 4 tabuleiros em uma caixa – é o mínimo utilizado por sala de treinamento, o que permite economizar em itens que se repetem por caixa.
EXECUÇÃO
Metas Básicas: Montar uma caixa com: 4 tabuleiros, 1 caixa de marcadores, 4 baralhos, 16 cartões de controle, 12 calculadoras, 4 timers, 1 manual e 1 CD. **Implementação:** Mudar o processo de montagem do jogo. **Impacto Esperado:** Mudança de custo de R$1.300,00 para uma caixa com um jogo para R$1.900,00 para uma caixa com 4 jogos.
AJUSTE
Reflexão: É necessário fabricar uma caixa maior para que caibam as 12 calculadoras e 4 cronômetros.

Capítulo 7

A Gestão do Processo de Criação de um Jogo

Conforme a minha experiência com a criação de jogos foi crescendo e eu fui criando jogos mais complexos, ela me mostrou que é necessário gerenciar o processo de criação para economizar tempo, energia e recursos.

Nos primeiros jogos que criei, especialmente aqueles sob encomenda, voltei inúmeras vezes passos atrás, algumas vezes por falha minha, outras por falta de um debriefing bem feito com o cliente e outras ainda por problemas com fornecedores.

Na KDP-Kepler eu e o Brian Castelli acabamos desenvolvendo uma metodologia de controle do processo que tem resolvido bastante estas situações.

Ela se compõe de alguns passos, como é mostrado na tabela a seguir.

Fase	Estágio	Responsáveis	Objetivos
Alinhamento	Levantamento das necessidades do cliente	Consultor Cliente	Perceber a necessidade do cliente e se um jogo realmente é a melhor opção
Exploração	Entendimento da organização, suas diretrizes, visão, cultura e valores	Consultor Cliente	Explorar o ambiente para o qual o jogo deve ser criado
	Entendimento dos aspectos técnicos relacionados ao jogo	Consultor Cliente Cliente do cliente	Saber todos os aspectos técnicos que devem ser trabalhados no jogo
Concepção	Criação conceitual do jogo	Consultor	Criação da mecânica, contexto e regras iniciais do jogo
	Criação do rough de design	Consultor Designer	Criação da sugestão inicial de design do jogo
	Teste interno	Consultor Designer Cobaias colhidas ao acaso	Teste inicial da mecânica e potencial cognitivo do jogo
	Produção do rough do jogo	Consultor Designer	Produção de uma versão inicial do jogo e do manual
	Validação	Consultor Cliente	Validação da idéia inicial do jogo

A GESTÃO DO PROCESSO DE CRIAÇÃO DE UM JOGO

	Ajustes	Consultor Designer	Inclusão das sugestões dadas pelo cliente
	Design do jogo	Consultor Designer	Elaboração detalhada de todos os componentes do jogo
	Conferência	Designer Consultor Cliente	Conferência de tudo: regras, design, textos, inclusão de marcas, etc...
Avaliação	Produção do primeiro jogo	Designer Consultor Produtor Fornecedores	Produção de uma unidade do jogo para testes
	Beta teste	Consultor Cliente Cobaias do cliente	Simulação de um treinamento com o jogo
	Validação	Consultor Cliente	Avaliação do beta teste
	Ajustes	Consultor Designer	Inclusão das sugestões geradas pelo beta teste
Produção	Produção	Designer Produtor Fornecedores	Produção das unidades definitivas do jogo

7.1. Alinhamento

Esta fase normalmente acontece antes de fecharmos o contrato com o cliente – é o famoso levantamento de necessidades do cliente. Cabe aqui lembrar que nem sempre a melhor solução é um jogo e que cabe a você ter um repertório de ferramentas para melhor atender a estas necessidades.

Lembre-se que é essencial saber o tempo disponível para o treinamento e a quantidade de pessoas por sala **antes** de começar a criar o jogo!

7.2. Exploração

Esta etapa é crucial para criarmos um jogo que seja consistente e atenda às necessidades do cliente. Vamos lá, passo a passo:

7.2.1. Entendimento da Organização

Você conhece a organização para a qual o jogo será desenvolvido? Esta é a fase de conhecer missão, visão, valores, competências, cultura organizacional, perfil dos colaboradores, etc...

Lembre-se que o jogo deve refletir todas estas informações e ainda o "estilo" da empresa. Organizações mais sérias, jogos mais sérios. Organizações mais arrojadas, jogos mais arrojados.

◈ Pergunta

- Que tipo de jogos você acha que o seu público-alvo joga em casa?
- Mais pra futebol, esportes radicais ou baralho?
- Mais pra truco ou mais pra pôquer?
- Isto pode influir no jogo que você vai criar?

7.2.2. Entendimento dos Aspectos Técnicos

Quando a área de desenvolvimento do jogo é a mesma da especialidade do consultor, por exemplo área comportamental para um analista de T&D, normalmente esta fase acontece junto com a fase 7.2.1.

Às vezes pode acontecer de ser uma área em que não tenhamos qualquer experiência, e aí vale a velha regra: estudar bastante e consultar quem entende, tendo sempre o cuidado de checar passo a passo a consistência do que estiver fazendo.

> **Aconteceu comigo...**
>
> Em 2007 eu e a Fernanda Prando Godoy criamos o Folhas, o jogo para a integração de novos colaboradores da International Paper.
>
> Uma parte importante do jogo era mostrar aos treinandos o processo de fabricação do papel, coisa que não entendíamos nada.
>
> Sem problemas. Sentamos, estudamos, fizemos tabuleiros individuais que simulam os estágios de fabricação do papel e várias cartas que o treinando pode tirar com perguntas e as respostas certas (eles estão entrando na empresa, provavelmente não sabem a não ser que sejam da área industrial). A idéia é que um dos jogadores faça a pergunta ao grupo e depois ele mesmo complemente as respostas do grupo.
>
> Para conseguirmos fazer isto contamos com o interesse e a colaboração da nossa cliente, a Claudia Panciera, que com certeza é virginiana, pelo cuidado que deu a cada detalhe até que tudo ficasse perfeito! Foram pelo menos umas 4 versões de perguntas e respostas!

7.3. Concepção

7.3.1. Criação Conceitual do Jogo

Este é o momento mais criativo de todo o processo. É onde o processo de meditação é crucial. Consiste em visualizar o jogo como um todo, como vai ficar e fazer uma descrição, com regras gerais, da mecânica do jogo, materiais envolvidos e uma primeira versão do manual.

Normalmente eu uso uma folha de flip-chart e faço vários garranchos tentando, com as minhas habilidades de desenho superlimitadas, desenhar como eu estou imaginando o jogo.

Uma coisa importante nesta hora é o nosso repertório de jogos. Conhecer tipos e estilos diferentes de jogos faz com que tenhamos muito mais familiaridade com o jogo e com as idéias que podem ser adaptadas ao nosso problema específico.

É importante sair do comum, portanto não se limite aos jogos que estão à venda no mercado nacional ou disponíveis nos livros de jogos e dinâmicas de grupo. Conheça jogos importados, games, esportes radicais, tudo o que possa ajudar nesta hora.

Também precisamos lembrar que a idéia aqui não é usar o jogo exatamente como observamos. Os jogos existentes devem apenas servir como inspiração para novos jogos que vamos criar.

Aconteceu comigo...

Em 2005 eu estava em Ouro Preto, no VI Board Games Studies e assisti a uma palestra de José Carlos Quadrado, um prof. de hidráulica, português, onde ele mostrava como sua equipe utilizou o jogo Tantrix para projetar um servomecanismo que movimentava uma cadeira em três dimensões.

É claro que eu não entendi absolutamente nada sobre hidráulica e servomecanismo, mas fiquei fascinada com o jogo!

> Tantrix é um jogo que foi criado em 1988 pelo neozelandês Mike MacManaway, que foi acometido pelo mal da montanha durante uma expedição de alpinismo e teve que ficar vários dias deitado dentro de uma barraca de camping, apenas com papéis e lápis coloridos. Mike criou um jogo parecido com um dominó sextavado, onde peças de baquelite se encaixam através de linhas curvas das cores vermelho, verde, amarelo e azul. O grande pulo-do-gato é que, apesar do jogo ter quatro cores, cada peça é uma combinação de apenas 3 cores!
>
> Fiquei olhando o jogo e pensando nas competências essenciais das organizações, onde cada área apresenta algumas destas competências mas não todas.
>
> Voltei a São Paulo, comprei o jogo e adaptei para um jogo de gestão de equipes, que uso com excelentes resultados até hoje. Nada a ver com o servomecanismo, mas inspirado por ele!
>
> Conheça mais sobre o Tantrix em www.tantrix.com

7.3.2. Criação do Rough de Design

Agora chegou o momento de envolver um designer no processo. Ele vai criar logotipo, fundo de PowerPoint, estilo visual do jogo e, se for o caso, tabuleiro, cartas, etc...

Lembre-se que a maioria dos designers não tem a menor idéia de como é desenhar um jogo, o que tem certas particularidades diferentes de uma peça publicitária, por exemplo.

Na KDP trabalhamos com alguns designers, mas um deles, o Marcelo Spicciati, além de designer é um artesão, o que facilita muito as coisas porque nem sempre o que o designer projeta pode ser fácil de produzir.

Claro que, nesta fase, o design ainda não é o definitivo, mas convém lembrar que quando estamos falando de produção de jogos para treinamento sempre estamos pensando em produzir artesanalmente pois para fabricar industrialmente precisamos produzir pelo menos 1.000 unidades, o que nunca é necessário.

Tratar, por exemplo, com gráficas rápidas, é muito diferente do que tratar com gráficas convencionais e o designer tem que perceber isto e saber lidar com estas diferenças.

Nesta fase, o importante é perceber que o design tem que ter a ver com a cultura organizacional e o sentido que a empresa está querendo dar à aplicação do jogo. Por exemplo, na International Paper, ao criarmos o Folhas, criamos personagens para cada uma das fases da produção do papel: Alceu Calipto, o colaborador da área Florestal; Bob Inácio, o operador das bobinas, etc... Todos estes personagens eram caricaturas, extremamente bem-humorados, só que vestindo o uniforme realmente usado na empresa e com um biotipo típico de quem trabalha nessas áreas. Já no jogo "O Jogo do Crescimento", da Unipac, precisávamos simbolizar nos tabuleiros os níveis de competência de cada eixo de carreira. Ora, a Unipac fabrica, entre outras coisas, embalagens de plástico. Então os níveis foram simbolizados por caixas empilhadas: nível 1 uma caixa, nível 2 duas caixas, e assim por diante.

Também é importante que o designer tenha um bom contato com o manual de uso da marca da empresa, para que esta esteja corretamente colocada.

7.3.3. Teste Interno

Nesta fase imprimimos o rough de design na impressora jato de tinta mesmo, utilizamos qualquer material que tenhamos para simular as peças reais do jogo (ex.: marcadores são clipes, cordas coloridas barbante, etc.) e pegamos algumas "cobaias" para testar se a mecânica realmente funciona.

Atenção: não é o momento de envolver o cliente ou qualquer outro interessado no projeto além dos criadores do jogo, pois sabemos de antemão que é um momento de ajuste, que a maioria do que fizermos vai dar errado.

Na KDP-Kepler pegamos quem estiver disponível no momento: outros consultores, a recepcionista, a gerente administrativa, não importa. Aliás, quanto menos estas cobaias souberem do assunto, melhor.

Nesta fase dificilmente vamos até o fim do jogo, pois a cada jogada paramos e fazemos ajustes de regras, mecânica, material, etc...

É muito importante escolher pessoas não comprometidas com o projeto para jogar, porque se elas tiverem a expectativa de que o jogo vai dar certo, sairão muito frustradas do teste interno. Isto porque nesta fase o jogo não flui nem atinge os seus objetivos ainda.

7.3.4. Produção do Rough do Jogo

Depois de feitos os ajustes detectados no teste interno, o momento é de produzir alguma coisa para o cliente validar. Só que esta produção é um rascunho, como o próprio nome está dizendo. Então, normalmente gastamos o mínimo possível, produzindo o material em sulfite comum, não comprando ainda qualquer peça e fazendo já a primeira versão do manual do jogo.

7.3.5. Validação

Aqui é o momento de marcar uma reunião com o cliente e apresentar o que foi criado até agora. Em geral o grande desafio desta fase é lidar com a ansiedade do cliente, que em geral tem a expectativa de controlar o comportamento dos jogadores com o jogo.

Normalmente após esta reunião decide-se fazer uma série de ajustes no jogo.

Atenção: não é ainda o momento de o cliente jogar, apenas de validar a idéia. Claro que, em geral, o cliente pede para ficar com o rough e sabemos que ele vai jogar no momento em que sairmos! Mas isto é até bom, pois mais sugestões valiosas podem aparecer!

7.3.6. Ajustes

Momento de modificar o material, regras e muitas vezes a estratégia do treinamento, de acordo com a reunião de validação.

7.3.7. Design do Jogo

Este é o momento de projetar o jogo no maior nível de detalhes possível. Envolve muito trabalho, tanto do consultor quanto do designer.

Às vezes criamos jogos com 200, 250 cartas, e temos que criar textos para todas. Cada desafio do jogo deve estar por escrito.

O objetivo, ao final desta fase, é ter o jogo pronto – só que ainda não produzido.

7.3.8. Conferência

Esta é a fase mais chata de todo o processo!!!! Consiste em conferir tudo, texto por texto, palavra por palavra, material por material. Primeiro o designer confere. Depois o consultor. Se pegar erros, manda pro designer que corrige, confere, manda pro consultor que confere de novo!

Quando estiver tudo OK, na opinião do designer e do consultor, manda para o cliente, que confere de novo. A cada alteração que o cliente aponta, o processo inicia novamente, até que tudo tenha passado pelos 3 crivos e esteja em ordem.

Mesmo assim, você pode ter certeza de que alguns erros só irão aparecer quando a primeira versão estiver produzida!

7.4. Avaliação

Agora começa realmente o processo de avaliação do jogo, onde vamos ter 100% de certeza que ele vai cumprir o seu propósito.

7.4.1. Produção do Primeiro Jogo

O objetivo é produzir um jogo para o beta teste. É importante que seja o mais perto do definitivo possível, porque inclusive é neste momento que teremos noção do custo **exato** do jogo.

7.4.2. Beta Teste

Aqui temos um momento crucial do projeto. É o momento de pegar uma amostra típica dos treinandos que serão nosso público-alvo e fazer um teste real do jogo.

Atenção, é crucial neste momento que os treinandos **NÃO SAIBAM QUE É UM TESTE!!!!!** Por um motivo muito simples: se souberem que é um teste vão se preocupar em julgar o jogo, ao invés de jogá-lo. **TODOS** os nossos projetos de jogos, **SEM QUALQUER EXCEÇÃO**, onde o cliente considerou importante que as pessoas soubessem que era um teste, ou que sem querer falou isto ao dar as boas-vindas, foram muito mais complicados para desenvolver.

Neste momento, o importante é que a equipe de desenvolvimento e o cliente possam observar o comportamento dos treinandos durante o jogo. Se, nesta fase, não pudermos observar o comportamento normal durante o jogo é absolutamente certo que teremos retrabalho e modificações depois de o jogo ser produzido, o que sai muito mais caro!

Portanto, a estratégia correta neste momento é convidar um grupo típico de treinandos, dar o treinamento enquanto a equipe observa e faz anotações e depois dizer que foi um teste, pedindo, aí sim, a opinião deles.

Treinando que fica pensando como o jogo poderia ser melhor não joga, e isto é contraproducente!

RH não é a melhor equipe para um beta teste, pois não representa bem a empresa, a não ser que o jogo seja direcionado especificamente para a equipe de RH!

Se você está lendo este livro e é da área de RH, aprenda a conter a ansiedade dos seus pares, colocando-os como observadores durante o beta teste, não para jogar!

É importante lembrar também que observadores apenas observam, sem interferir no processo.

7.4.3. Validação

Depois de finalizado o beta teste, de preferência ainda no mesmo dia, é feita uma reunião de avaliação e validação do jogo, com todos os observadores.

Para que esta reunião seja produtiva, aprendemos a seguir alguns passos:

1. Conversar resumidamente sobre a impressão geral de cada um do jogo. Não é o momento de entrar em detalhes, apenas de saber se o jogo encantou ou não.
2. Passar, passo a passo, pelas anotações de todos sobre o que poderia funcionar melhor e o que tem que ser mudado no jogo. Normalmente fazemos isto já anotando, de modo que se várias pessoas fizerem a mesma anotação esta só seja discutida uma vez.
3. Quando todas as anotações estão unificadas, passar de novo uma a uma e definir o que realmente vai ser feito.
4. Redigir um documento (que todos assinam), mostrando como vai ficar o jogo.

7.4.4. Ajustes

A equipe coloca em prática os ajustes definidos no beta teste, confere tudo de novo, etc...

Se o número de alterações tiver sido muito alto pode ser conveniente aqui voltar ao passo 7.4.1, produzir novamente apenas uma unidade do jogo e fazer um novo beta teste.

Até hoje, só tive um caso em que isto aconteceu, com o jogo Aprimore, do modelo de competências da Santista Têxtil.

Na verdade o problema não foi com a mecânica e as regras do jogo, que tiveram poucas modificações.

O problema foi de design, já que o jogo é composto de prédios, um por eixo de carreira, e os treinandos vão montando andares dos prédios conforme mudam de nível de competências.

Na primeira versão, os designers contratados fizeram um prédio composto de canaletas, onde eram encaixadas as paredes. O design se mostrou bastante problemático no beta teste, pois as pessoas não encaixavam direito os andares nas canaletas e o prédio desmoronava.

Mudamos para peças de E.V.A. que se encaixam uma na outra como blocos de montar, e hoje funciona perfeitamente.

De qualquer maneira, não recomendo o uso de jogos de tabuleiro tridimensionais, pois tiram a possibilidade de visão de quem está do outro lado da mesa, exatamente como quando estamos em um restaurante com um arranjo de flores muito grande no meio!

7.5. Produção

Tudo pronto, é hora de produzir todas as unidades do jogo que serão usadas. Contatar todos os fornecedores pesquisados na fase de concepção, comprar ou contratar a montagem de cada parte do jogo.

> ☼ **Dica**
>
> Lembre-se de ter um banco de dados de fornecedores com informações sobre o que ele fez da última vez que funcionou, o que poderia ter saído melhor, etc...

Capítulo 8

Conclusão

Neste livro você acabou de ler alguma teoria sobre o jogo em treinamento, aprendeu modos de adaptar jogos e ferramentas para criá-los, além de ter a descrição completa de 22 jogos, algumas dicas, fatos curiosos e relatos da minha própria experiência.

Procurei durante todo o livro dar base para você poder adaptar e criar os seus próprios jogos, mas evitei dar "receitas de bolo" para a criatividade.

Sinta-se à vontade para criar em cima do que está escrito neste livro, achando os seus próprios métodos e processos de criação.

Insista na meditação, tenho certeza de que é o que faz a diferença na minha própria criatividade e na criatividade daqueles que meditam comigo.

E, finalmente, divirta-se muito criando, desenvolvendo e aplicando os jogos que você criou! Porque só vale a pena se for divertido, vivido totalmente e se você adorar fazer isto!!!!

Bibliografia

AUSUBEL, David P. **The Acquisition and Retention of Knowledge — A Cognitive View**. Dordrecht: Kluwer Academic Publishers, 2000.

BROTTO, Fábio Otuzi. **Jogos Cooperativos: se o Importante é Competir, o Fundamental é Cooperar**. São Paulo: Cepeusp, 1995 / Santos: Projeto Cooperação, 1997.

BROTTO, Fábio Otuzi. **Jogos Cooperativos: O Jogo e o Esporte como um Exercício de Convivência**. Campinas, 1999. Dissertação (Mestrado). Faculdade de Educação Física: UNICAMP.

BROWN, Guillermo. **Jogos Cooperativos: Teoria e Prática**. São Leopoldo: Sinodal, 1994.

CAMPBELL, Joseph. **O Poder do Mito**. São Paulo: Palas Athena, 1990.

CAPODAGLI, Bill & JACKSON, Lynn. **O Estilo Disney**. São Paulo: Makron, 2000.

CARSE, James P. **Finite and Infinite Games — A Vision of Life as Play and Possibility**. New York: Ballantine, 1987.

DRUCKER, Peter. **A Administração na Próxima Sociedade**. São Paulo: Nobel, 2002.

FALCÃO, Paula. **O Jogo nos Quatro Planos — Uma Visão Integrada dos Jogos Cooperativos.** Santos, 2002. Monografia (pós-graduação). Pós-graduação em Jogos Cooperativos: UNIMONTE.

GALVÃO, Marcelo. **Criativa Mente**. Rio de Janeiro: Qualitymark, 1999.

GRAMIGNA, Maria Rita Miranda. **Jogos de Empresa**. São Paulo: Makron, 1994.

GRAMIGNA, Maria Rita. **Manual de Criatividade Aplicado para Facilitadores de Grupos - Caderno 02.** Belo Horizonte: MRG, 2001.

HUIZINGA, Johan. **Homo Ludens.** São Paulo: Editora Perspectiva, 2000.

KING, Bob & SCHLICKSUP, Dr. Hemut. **Criatividade: Uma Vantagem Competitiva.** Rio de Janeiro: Qualitymark, 1999.

MAY, Matthew E. **Toyota — A Fórmula da Inovação.** Rio de Janeiro: Elsiever, 2007.

ORLICK, Terry. **Vencendo a Competição.** São Paulo: Círculo do Livro, 1989.

PINE, B. Joseph II & GILMORE, James H. **The Experience Economy — Work is Theatre & Every Business a Stage.** Boston: Harvard Business School Press, 1999.

PLATTS, David E. **Autodescoberta Divertida: Uma Abordagem da Fundação Findhorn para Desenvolver a Confiança nos Grupos.** São Paulo: Triom, 1997.

SARAYARIAN, Torkon. **The Science of Meditation.** Sedona: Aquarian Educational Group, 1971.

VILA, Magda & FALCÃO, Paula. **Focalização de Jogos em T&D.** Rio de Janeiro: Qualitymark, 2002.

YOGANANDA, Paramahansa. **Songs of the Soul.** Los Angeles: Self-Realization Fellowship, 1983.

ZOHAR, Danah & MARSHALL, Ian. **QS — Inteligência Espiritual.** Rio de Janeiro: Record, 2000.

Contatos Úteis

Paula Falcão - paulafalcao@kdpkepler.com.br - (11) 5031-9098 – www.kdpkepler.com.br

Pós-graduação em Jogos Cooperativos pela UNIMONTE (Santos) - informações no CAP pelo telefone (13) 3235-6510

Pós-graduação em Educação Lúdica pelo ISEVEC (São Paulo) – Informações pelo telefone (11) 3838-5991

Pós-graduação em Pedagogia da Cooperação pela FAD (Diadema) – Informações pelo telefone (11) 4056-5651

Festa do Peão de Tabuleiro – www.peaodetabuleiro.com.br

Ilha do Tabuleiro – www.ilhadotabuleiro.com.br

Ludus Luderia – www.luderia.com.br

Board Games Studies - www.boardgamestudies.info

Board Games Geek – www.boardgamegeek.com

Fun Again – compra de jogos importados pela Internet – www.funagain.com

Lista Eletrônica de Jogos em T&D - enviar e-mail e 3 jogos solicitando inscrição para paulafalcao@kdpkepler.com.br

Lista Eletrônica de Jogos Cooperativos - enviar e-mail em branco para Jogos-Cooperativos-subscribe@yahoogroups.com

Índice de Jogos

A Fuga dos Quadrados	45
Casa, Inquilino e Terremoto	35
Chamado Pessoal	34
Charada de Odin	42
Escravos de Jó	30
Estafeta com Bambolê	53
Eu Imagino...	31
Futpar	38
Jogo das Cadeiras Cooperativo	37
Jogo do Vermelho e do Azul	48
Maratona da Torre	54

Multijogo 52
O Jogo dos Autógrafos 50
O Jogo dos Copinhos 50
O Jogo dos Espelhos 82
Off-road com Pistas 41
Pá 51
Show da Broadway 32
Todos Marcam Gol 39
Trekking com Planilha 40
Trilha de Dominó 33
Volençol 37

Entrevistas
Técnicas & Dinâmicas de Grupo
para não-especialistas

Autor: Egildo Francisco Filho
Nº de páginas: 112
Formato: 16 x 23cm

Este livro deve ser lido e relido e se destina a todos que utilizam a entrevista em suas atividades profissionais e de convívio social. Não pretende esgotar o assunto, mas servir como um importante instrumento de guia.

A obra mostra técnicas simples, porém efetivas, para realizar uma boa entrevista. Saber anotar os pontos importantes, utilizar alguns conhecimentos de neurolingüística na observação do candidato e praticar um estudo de caso sem comprometer a empresa fazem parte da obra.

É um manual precioso para quem quer se lançar ao difícil ofício de conhecer o cabedal de candidatos a empregos e posições profissionais. Igualmente é um conjunto de técnicas que muitos desses candidatos devem ler antes de se lançarem à busca de uma nova oportunidade profissional. Saberão, todos que o lerem, como se deve ou não se deve portar numa entrevista que visa conhecer o potencial do candidato, seja entrevistador ou candidato.

Existem no mercado muitas boas publicações sobre a arte de selecionar pessoas, mas esta, em especial, cumpre a missão de enfrentar todas as dúvidas, etapas e processos e, de maneira extremamente sutil, conduz o leitor a compartilhar da vasta experiência do autor. A obra é um diferencial neste campo, por procurar desmistificar o processo de entrevista, com exemplos de sucesso e avançar o desenvolvimento de competências gerenciais tão críticas para a competitividade moderna.

Seu objetivo é ajudar os entrevistadores, para processos seletivos ou avaliativos, a melhorarem suas escolhas e a destacarem sua atuação de forma mais humana e precisa. Além das técnicas de entrevista, o livro traz também um case para estudo e alguns exercícios de Dinâmica de Grupo a serem utilizados como instrumento adicional ao processo seletivo.

A leitura é agradável e existe a certeza de que, a partir deste livro, suas entrevistas serão muito melhores e mais seguras.

Fazer Acontecer e Fazer por Merecer

Autor: Jefferson Leonardo
Nº de páginas: 120
Formato: 16 X 23cm

O autor Jefferson Leonardo quer que o leitor encontre, nas páginas deste livro, uma leitura agradável, divertida, simples e inspiradora de reflexões, a fim de que o leitor conheça a sua motivação, ou seja, um motivo para a sua ação, fazendo da mudança, da percepção, da intuição e dos cuidados com o seu sono as ferramentas dignas e merecedoras de uma história de sucesso e realização de sonhos pessoais e profissionais.

Escrita de forma simples e alegre, com alguns exercícios lúdicos e orientações para o sucesso, esta obra aborda valores importantíssimos como a percepção, a intuição e a importância do sono na nossa saúde física e mental, além de conceitos organizacionais e de vida. Por meio de exemplos reais, vivenciamos a experiência de transformar problemas em oportunidades.

Este livro atual e moderno começa de forma objetiva e palatável, mostrando a importância de temas como Metanóia, a partir do qual adquirimos as condições para enxergar de maneira nova as realidades e as transformações.

Um livro interessante e gostoso de ler, uma vez que é bastante didático, no qual o autor levanta problemas e propõe soluções, sendo um prático instrumento de suma importância para acadêmicos, consultores, gestores organizacionais e outros profissionais que têm interesse nessa área.

Jogos Negócios e Empresas
Business Games

Autor(es): Luiz Cesar Barçante/Fernando Castro Pinto
Nº de páginas:112
Formato:16 x 23cm

A obra mostra um histórico do Business Games no Brasil e no mundo, sua origem, sua posição atual e sua visão de futuro, buscando auxiliar o leitor a se posicionar no mundo dos jogos, ensinamentos e como se fazer um Jogo de Negócios.

Este livro faz uma integração entre o conhecimento a habilidade e a atitude. A metodologia é de imenso proveito na seleção de talentos, bem como no treinamento e desenvolvimento de equipes e principalmente de líderes.

Configurando-se como um extraordinário recurso utilizado no processo ensino-aprendizagem, os Jogos Empresariais motivam os seus participantes a buscar conhecimentos de forma ativa e entusiástica, deixando de lado a passividade que normalmente caracteriza o tradicional método de ensino.

Trata-se de uma grande oportunidade para se compreender nossas empresas e os relacionamentos entre os diversos processos internos e externos, entendendo o quanto é fundamental o papel de cada um de nós nos resultados a serem alcançados.

Neste livro os autores nos brindam com conhecimentos gerados através de uma caminhada bem-sucedida e de muito investimento. Usando de generosidade com seus leitores, dão dicas que normalmente os especialistas preferem não dar.

A obra irá auxiliar os leitores a entrarem em uma dimensão pouco conhecida no Brasil, mas que já é dominada no mundo internacional dos negócios. O objetivo é ampliar seus conhecimentos sobre desenvolvimento de competências.

Entre em sintonia com o mundo

QualityPhone:
0800-263311
Ligação gratuita

Rua Teixeira Júnior, 441
São Cristóvão
20921-405 – Rio de Janeiro – RJ
Tel.: (0XX21) 3295-9800
ou   3860-8422
Fax: (0XX21) 3295-9824

www.qualitymark.com.br
E-Mail: quality@qualitymark.com.br

DADOS TÉCNICOS	
Formato:	16 x 23
Mancha:	11,5 x 18,5
Corpo:	11,5
Entrelinha:	14
Fonte:	Book Antiqua
2ª Edição:	Julho 2008
Total de Páginas:	136
Gráfica:	Vozes